J'AI EU LE POSTE !

LES CONSEILS CLÉS POUR RÉUSSIR VOTRE ENTRETIEN

DANIEL POROT

MÉTHODE DANIEL POROT

J'AI EU LE POSTE !

LES CONSEILS CLÉS POUR RÉUSSIR VOTRE ENTRETIEN

Illustrations de Grégoire Pires

SOLAR EDITIONS

Remerciements :

Ce livre n'aurait pas pu être écrit sans la contribution :

• *de milliers de personnes en mutation professionnelle (demandeurs d'emploi, candidats sur le départ, personnes en poste...) qui ont participé activement à nos cours, stages et autres séminaires ;*

• *de centaines de CP (Conseillers en Personnel), consultants des secteurs public et privé et autres bénévoles prescripteurs de nos interventions ;*

• *des responsables d'organismes publics, d'entreprises privées, d'instituts/universités/centres de formation qui nous soutiennent et nous font confiance ;*

• *des animateurs et intervenants de notre groupe ;*

• *de Grégoire Pires, illustrateur de cet ouvrage ;*

• *et enfin de l'équipe administrative de notre groupe (Silvana, Maria Lisa, Baran, Ilyas, Robert, Nicolas, Brandon, Grégory, Moubarak) et de Solar (Benoît, Chloé et Julie).*

Avertissement

Avis aux Dames et Demoiselles. Le masculin a été choisi pour tous les acteurs de cet ouvrage. C'est pourquoi vous y trouverez : il, le, celui-là, le candidat, le recruteur, l'ami, l'époux, le secrétaire, l'assistant... L'autre formule : elle/il ou il/elle, celle-ci/celui-ci ou celui-ci/celui-là, la/le ou le/la, candidat(e), ami(e), assistant(e)... aurait rendu la lecture lourde et plus pénible. Nous avons donc opté pour une formule légère et plus souple. Merci de votre compréhension.

Sommaire

APPLIQUEZ LA BONNE STRATÉGIE

Gardez présente à l'esprit l'hécatombe qui sévit en entretien d'embauche

Après le « suicide collectif » des lemmings et la retraite de Russie, l'échec en entretien d'embauche doit arriver au troisième rang des hécatombes !

Statistiquement, un candidat qui ne se prépare pas sérieusement à l'entretien d'embauche, doit négocier avec sept entreprises différentes (donc passer au minimum sept entretiens d'embauche à raison d'un entretien par entreprise) pour se voir offrir une proposition ferme d'embauche. Il se verra ainsi dire six fois *« non »* avant d'entendre un *« oui »*.

Cela représente un taux d'échec de 86 %, donc de 14 % de succès[1].

Que faire face à cette situation ?

Pour améliorer ce taux, il existe au moins trois méthodes :

- **méthode 1 – Simulation.** Simulez des entretiens d'embauche avec des amis ou des relations. L'efficacité d'un entretien peut être plus que doublée si vous simulez trois entretiens d'embauche[2] ;
- **méthode 2 – Collecte d'informations.** Rassemblez de l'information sur :
  - le contenu du poste à pourvoir (en interrogeant des personnes exerçant cette fonction),
  - la personne qui va vous interviewer (en utilisant Internet ou des réseaux d'amis et/ou les fournisseurs et/ou clients de l'entreprise visée et/ou en vous rendant sur les points de vente pour questionner les vendeurs),
  - le secteur (en lisant la presse spécialisée et/ou en consultant Internet) ;
- **méthode 3 – Préparation de vos questions et de votre argumentaire.** Préparez, par écrit, trois à cinq questions-clés que vous souhaitez poser à votre interlocuteur, ainsi que trois à cinq de vos réalisations correspondant probablement aux préoccupations majeures de votre interviewer.

---

1. Source : enquête Porot et Partenaire auprès de 10 000 + chercheurs d'emploi.
2. Source : enquête Porot et Partenaire auprès de 800 personnes.

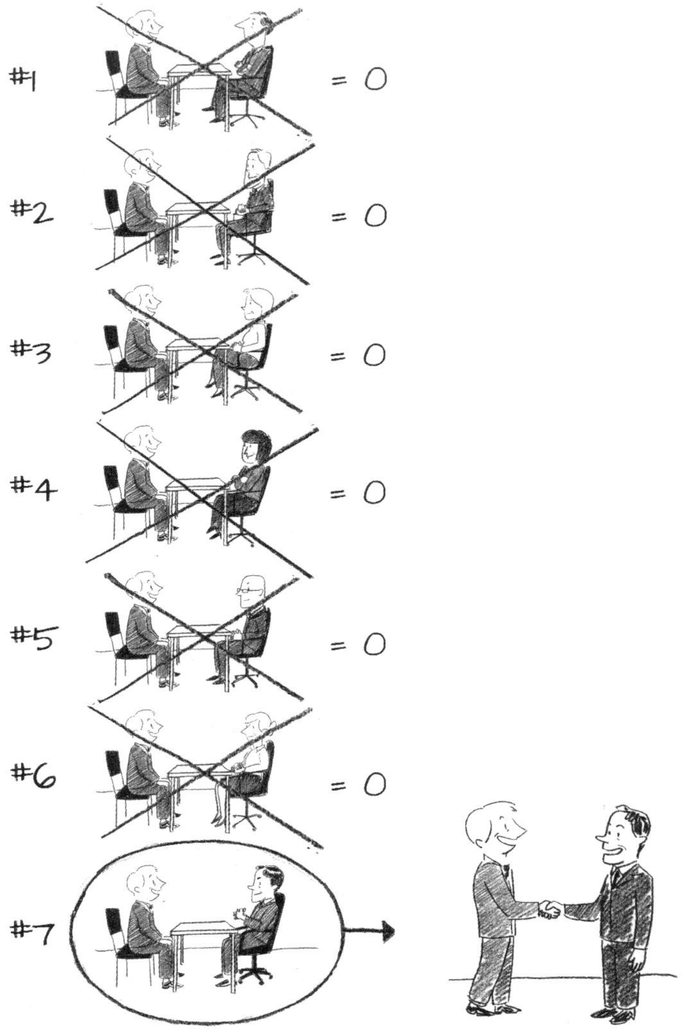

Gardez présente à l'esprit l'hécatombe qui sévit
en entretien d'embauche

Organisez les choses pour que tout se passe pour le mieux

Si, avant votre entretien d'embauche, vous avez le trac et êtes anxieux, cela est tout à fait normal. Néanmoins, si votre anxiété est trop importante, elle risque de vous bloquer et de vous faire commettre des impairs.

Il existe des dizaines de méthodes pour s'autocontrôler. En voici trois fréquemment utilisées et particulièrement efficaces :

- **méthode 1 – Coup d'œil de la veille.** De nombreux vendeurs l'utilisent. S'ils ont une négociation importante et délicate à mener, ils se rendent la veille du jour J sur les lieux pour s'en imprégner. Par exemple, à la sortie des bureaux pour observer la tenue vestimentaire des employés. Le lendemain, lorsqu'ils se rendent à leur rendez-vous, ils ont le sentiment d'avoir déjà été là une fois et se sentent beaucoup moins angoissés ;
- **méthode 2 – Autopersuasion.** Si un chasseur de têtes, un cabinet de recrutement ou une entreprise ont décidé de vous recevoir 20, 30 ou 60 minutes, c'est qu'ils ont découvert chez vous une ou deux choses qui les intéresse particulièrement. Vous ne savez peut-être pas quoi, mais eux… le savent !
- **méthode 3 – Les trois secrets.** Les trois critères qui font porter un jugement négatif sur un candidat pendant les premières secondes sont :
  - un regard fuyant,
  - une mauvaise poignée de main,
  - une arrivée en retard[1].

Il vous suffit d'être très vigilant sur ces trois points pour que les choses s'enclenchent parfaitement.

1. Source : enquête de Porot et Partenaire auprès de 3 000 personnes.

Organisez les choses
pour que tout se passe pour le mieux

Soyez le dernier à être reçu, pour devenir le premier

Lorsqu'un candidat répond à une « offre d'emploi », puis est invité à un entretien, il accepte en général immédiatement l'invitation (à moins qu'il n'ait déjà un engagement à cette date/heure).

Or, la société Half a mené une enquête auprès de 15 000 demandeurs d'emploi et a découvert que, lorsqu'une entreprise sélectionne et reçoit en entretien cinq à sept candidats (dans la même journée ou même semaine), le premier candidat à être reçu est embauché dans 17 % des cas et le dernier dans 57 %.

Plusieurs raisons expliquent cette situation. On les retrouve d'ailleurs dans de nombreuses compétitions sportives (par exemple : le patin à glace, le plongeon, l'équitation…). Les deux raisons les plus fréquentes pour expliquer ce passage de 17 à 57 % sont que :

- le recruteur comprend de mieux en mieux son problème en rencontrant et questionnant des candidats ;
- les premiers candidats sont toujours jugés plus sévèrement que les suivants.

La formule la plus simple pour réussir à être reçu le dernier, consiste à téléphoner à l'assistante de la personne qui doit vous recevoir et lui dire : *« Merci beaucoup pour votre invitation. Je risque d'avoir des difficultés de programmation le jour J. Pourriez-vous me dire à quelle date vous devez boucler/terminer votre sélection ? »* Une fois que vous avez obtenu la date butoir, demandez que l'on vous reçoive à cette date ou… la veille.

Soyez le dernier à être reçu,
pour devenir le premier

Répétez encore et encore, pour être encore plus naturel

De nombreuses personnes ne souhaitent pas se préparer et s'entraîner à l'entretien d'embauche et se disent : « *En me préparant, je risque de ne pas être naturel. Je suis comme je suis. On m'aime ou l'on ne m'aime pas.* »

Cette prise de position, assez radicale, est incorrecte. Les candidats à la recherche d'emploi se répartissent en trois familles :

- **famille 1 – Les candidats qui ne se préparent pas du tout à l'entretien d'embauche.** Ils sont très naturels et très… mauvais. Il faut penser à certains champignons mortels. Ce qui est naturel n'est pas nécessairement bon !
- **famille 2 – Les candidats qui se préparent peu et/ou mal et/ou insuffisamment.** Ils ne sont pas naturels et sont très… mauvais. Ils sont pires que les précédents qui ont l'avantage d'être naturels !
- **famille 3 – Les candidats qui se préparent beaucoup.** Ils seront très naturels et excellents. Ce sont en général ceux auxquels on propose le poste. Ils font penser aux grands acteurs de cinéma ou de théâtre qui répètent inlassablement avant d'être filmés ou de jouer sur scène. Toutes les personnes qui montent sur les planches, font des discours, des présentations ou des formations vous le diront : plus ils se préparent, plus ils sont naturels. Néanmoins, ils ont toujours un peu le trac. Le « bon trac », celui qui les stimule et les transforme de bons à… excellents !

Répétez encore et encore,
pour être encore plus naturel

Multipliez plus que par 2 votre efficacité en entretien, en 3 à 5 heures seulement

Il n'est pas nécessaire d'être excellent en entretien pour réussir, il suffit... de ne pas être mauvais. C'est-à-dire de ne pas commettre l'une des cinq fautes qui ne pardonnent pas.

Pour réussir, il suffit de vous entraîner en simulant trois entretiens d'embauche avec des amis ou des partenaires. Cela prendra de 3 à 5 heures. Vous pourrez alors éradiquer les cinq erreurs classiques qui vous menacent :

- **erreur 1 – Ne pas poser de questions.** La majorité des candidats sont passifs et se limitent à répondre aux questions posées. Ils occupent ainsi près de 85 % du temps de parole. Une bonne répartition est évidemment de 50/50 ;
- **erreur 2 – Prendre et garder la parole trop longtemps.** Ce défaut est dans le prolongement du précédent. Vos interventions doivent être courtes. Évitez de dépasser 2 minutes lorsque vous prenez la parole ;
- **erreur 3 – Vous focaliser sur vous et non sur votre interlocuteur.** Votre interlocuteur est la personne la plus importante lors d'un entretien d'embauche. C'est lui qui prend la décision. Faites tout votre possible pour qu'il soit en permanence le point focal de l'entretien ;
- **erreur 4 – Ne pas citer de réalisations chiffrées et/ou des faits/preuves tangibles.** Chaque fois que vous présentez l'une de vos réalisations passées, associez-la à un chiffre, à un fait ou à une preuve tangible pour l'authentifier et/ou l'étayer. Il ne s'agit pas d'impressionner, mais tout simplement de rendre crédible ;
- **erreur 5 – Ne pas mettre en avant les trois caractéristiques-clés d'un bon candidat.** Les critères les plus déterminants dans une embauche (et qui sont rarement annoncés ou publiés) sont :
  - l'enthousiasme (révélé par le nombre et la qualité des questions que vous posez),
  - la persévérance (prouvée par des exemples tirés de votre passé),
  - l'implication (traduite par des phrases du style « *J'ai décidé* »).

Multipliez plus que par 2 votre efficacité en entretien, en 3 à 5 heures seulement

Suivez les 5 doigts de votre main pour réussir un parcours sans faute

Un entretien peut devenir catastrophique si, dans la première minute, le recruteur vous demande : « *Parlez-moi de vous.* » Si vous prenez alors la parole pendant 15 à 30 minutes et dites à quel point vous êtes exceptionnel, vous allez droit dans le mur… et la fin de l'entretien est proche !

La bonne technique est extrêmement simple. Elle suit cinq étapes qui correspondent à chacun des cinq doigts de votre main. Commencez par votre pouce puis passez successivement de votre index à votre majeur, à votre annulaire et enfin à votre auriculaire.

Le pouce. Lorsque vous fermez le poing et dressez le pouce vers le haut, cela veut dire : « *Tout va bien.* » C'est le début de l'entretien au cours duquel vous échangez quelques propos sympathiques avec votre interlocuteur pour briser la glace.

L'index. Lorsque vous pointez l'index vers votre interlocuteur, cela signifie « VOUS », en d'autres termes : « *Parlez-moi de vous.* » C'est le moment de lui poser des questions pour qu'il vous expose ses préoccupations/priorités…

Le majeur. Lorsque vous vous touchez la poitrine avec le majeur, cela signifie « MOI ». En d'autres termes : « *Voici deux ou trois choses que j'ai réalisées et qui correspondent précisément aux préoccupations/priorités que vous venez de me presenter.* » À vous de citer les deux ou trois projets/missions que vous avez menés à bien et qui présentent un intérêt certain pour votre interlocuteur.

L'annulaire. Lorsque vous dressez l'annulaire (droit ou gauche selon les pays), on peut y voir votre alliance si vous êtes marié. Cela signifie « NOUS ». En d'autres termes : « *Puisque vous avez ces préoccupations/tâches prioritaires et que je possède des talents/compétences ou que j'ai réalisé des tâches/projets/missions qui leur correspondent, trouvons un terrain d'entente et travaillons ensemble.* »

L'auriculaire. Le petit doigt levé en l'air et s'agitant signifie « *BYE BYE* ». En d'autres termes : « *Au revoir.* » Vous avez tout couvert. Si une proposition ne vous a pas été faite, posez deux questions : « *Qui de nous deux a l'initiative du prochain contact ?* » et « *Sous quel délai ?* ».

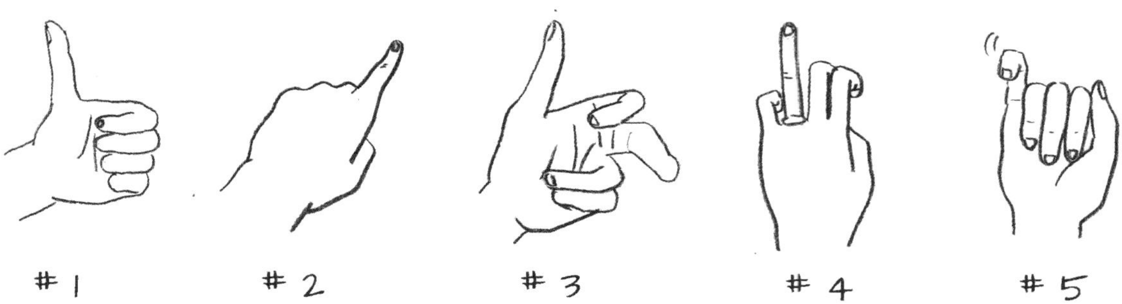

Suivez les 5 doigts de votre main
pour réussir un parcours sans faute

Demandez le job pour augmenter vos chances de vous le voir offrir

Les candidats en recherche d'emploi sont toujours en quête de méthodes sophistiquées et de techniques astucieuses pour augmenter leurs chances d'obtenir le poste qu'ils convoitent.

Il en existe une, extrêmement simple, facile à mettre en place et utilisée par très peu de chercheurs d'emploi.

Elle consiste, en fin d'entretien, et pour autant que le poste vous intéresse, à dire à votre interlocuteur que cet emploi vous intéresse et à « demander le job ».

L'expérience montre que :

- d'une part, vous n'affaiblirez pas votre position de négociation ;
- d'autre part, vous augmenterez vos chances de vous voir proposer le poste.

Un auteur a même écrit avoir trouvé une corrélation de l'ordre de 65 % entre les personnes qui demandent le job et celles qui se le voient proposer.

Un candidat oublie souvent que, pour un recruteur, la décision d'embaucher est toujours une opération difficile qui le fait hésiter. Le fait d'avoir en face de lui un candidat déterminé et enthousiaste l'aide dans son processus de décision.

Demandez le job pour augmenter vos chances de vous le voir offrir

Réalisez un parcours sans faute lors d'un entretien téléphonique

Le téléphone peut être votre pire ennemi en recherche d'emploi. C'est l'outil préféré des chasseurs de têtes, cabinets de recrutement et responsables de ressources humaines. Il leur permet de réaliser facilement et très rapidement des entretiens de sélection. Cela les aide à éliminer facilement des candidats et, partant, de gagner du temps. Vous devez donc éviter, autant que faire se peut, de passer un entretien téléphonique (en particulier, si vous n'avez pas l'initiative de l'appel).

En revanche, le téléphone peut être votre meilleur ami. C'est un merveilleux outil pour obtenir de l'information ou, mieux, le faire faire par un ami ou un collègue (qui sera toujours beaucoup plus à l'aise que vous pour obtenir l'information recherchée).

Dans l'hypothèse où vous devez passer un entretien de recrutement par téléphone, veillez à prendre les précautions suivantes :

- ayez l'initiative de l'appel ;
- tenez-vous debout plutôt qu'assis. Rentrez le menton (votre voix passera mieux) ;
- notez sur de grandes feuilles de papier : d'une part, une arborescence pour les questions et réponses qui peuvent être échangées et, d'autre part, les arguments que vous serez probablement à même d'utiliser au cours d'un entretien (vos réalisations passées) ;
- ayez un miroir en face de vous et n'oubliez pas de sourire (le sourire s'entend au téléphone) ;
- chauffez votre voix de 10 à 20 minutes avant l'appel ;
- fermez toutes les portes et éliminez les sources possibles de dérangement et/ou bruit ;
- demandez éventuellement à une ou deux personnes de se tenir à côté de vous. Cela vous donnera confiance en vous ; elles pourront également vous appuyer, vous guider du regard ;
- ayez toujours présent à l'esprit que le but essentiel de cet entretien est d'éviter de vous faire éliminer et d'obtenir un entretien en face à face.

Réalisez un parcours sans faute lors d'un entretien téléphonique

DÉBUTEZ DU BON PIED ET ADOPTEZ UN STYLE PARFAIT

Soignez la première impression ; elle peut entrer pour plus de 50 % de la décision d'embauche

Vous avez certainement entendu maintes fois l'expression : « *Vous n'avez jamais une deuxième chance... de faire une bonne première impression.* »

Par ailleurs, vous avez lu que l'essentiel de l'avis porté sur une personne vient de la première impression. Si vous avez fait une bonne première impression, tant mieux. Par contre, si la première impression que vous avez projetée est mauvaise, il vous faudra de 15 à 20 minutes pour la corriger.

Lors d'une enquête réalisée auprès de 3 000 personnes[1] et à laquelle on demandait : « *Quels sont les trois éléments qui vous font porter un jugement négatif et définitif sur une personne que vous rencontrez pour la première fois* », les trois réponses les plus fréquentes furent :

- un regard fuyant ;
- une mauvaise poignée de main ;
- une arrivée en retard.

Il est donc essentiel, lorsque vous arrivez en entretien :

- de regarder votre interlocuteur dans les yeux ;
- de lui donner une poignée de main franche et relativement ferme ;
- d'être à l'heure (c'est-à-dire environ 5 minutes avant l'heure fixée).

1. Source : enquête Porot et Partenaire.

Soignez la première impression ; elle peut entrer pour plus de 50 % de la décision d'embauche

Passez votre message-clé durant les 30 premières secondes

Combien de temps peut-on vraiment rester attentif ?

Une étude montre que l'attention d'une personne est de 90 secondes !

L'attention est très intense pendant les 10 premières secondes.

Puis elle chute de moitié et va s'affaissant pour devenir pratiquement nulle au bout de 90 secondes, soit 1 minute et demie !

Cela signifie que lorsque vous intervenez et souhaitez dire quelque chose d'important, il convient :

- d'attendre que votre interlocuteur ait terminé son intervention ;
- de laisser un petit blanc de 2 ou 3 secondes combiné avec une accroche du regard pour vérifier que vous avez toute l'attention de votre interlocuteur ;
- de prendre la parole en commençant par votre message-clé : ce que vous voulez que votre interlocuteur écoute, entende, comprenne, valorise et retienne ;
- de terminer en sachant que son attention se dégrade.

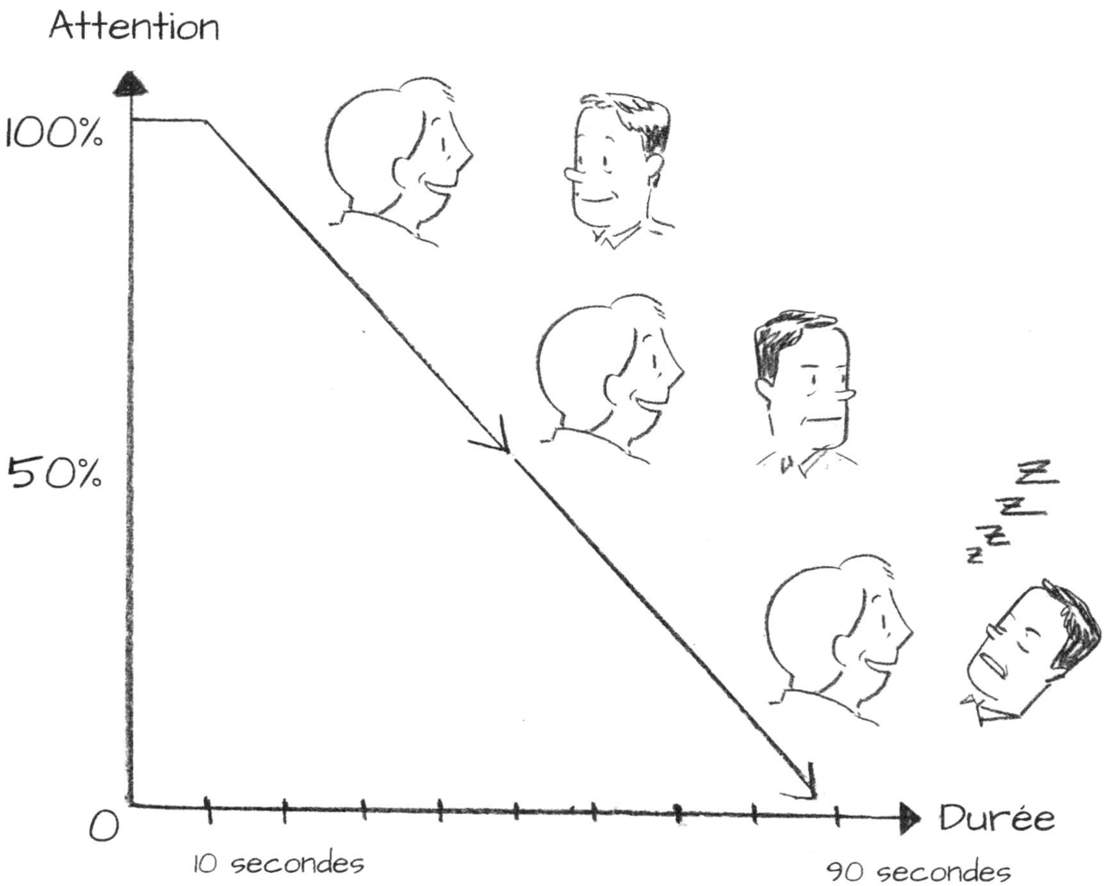

Passez votre message-clé durant les 30 premières secondes

Choisissez le bon rythme de parole parmi les 3 possibles

Lorsque vous intervenez, adoptez le bon rythme de parole.

Si vous parlez lentement, vous risquez :

- d'endormir votre interlocuteur ;
- de laisser croire à votre interlocuteur qu'il existe une corrélation entre votre rythme de parole et votre QI (quotient intellectuel). Il est donc important d'accélérer le rythme.

Si vous parlez trop vite et ne faites aucune pause, vous risquez littéralement d'asphyxier votre interlocuteur. Il vous suivra un instant puis sera submergé par le flot de votre discours.

La bonne formule consiste à parler rapidement, mais à faire des micro-pauses pendant vos interventions. Ces pauses :

- permettront à votre interlocuteur non seulement d'« avaler » ce que vous lui avez dit, mais également de le « digérer » ;
- vous donneront la possibilité de réfléchir, d'organiser – si besoin est – votre argumentation et, surtout, de regarder votre interlocuteur et vérifier qu'il est toujours là… mentalement.

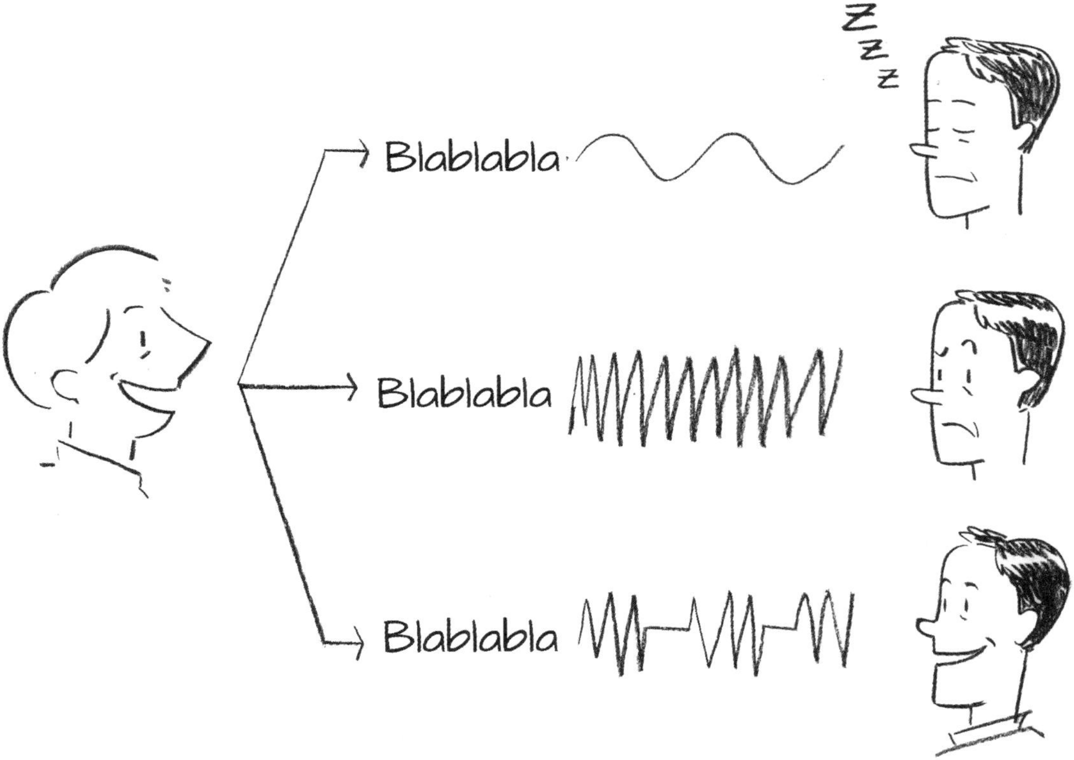

Choisissez le bon rythme de parole
parmi les 3 possibles

Comptez jusqu'à 8 pour réussir à rester silencieux

En entretien, l'angoisse engendre des logorrhées (des « diarrhées verbales »). Vous parlez, parlez, parlez…

Or, lors des moments stratégiques de l'entretien, il est primordial de rester silencieux. Par exemple, lors de la négociation de salaire :

- le premier qui parle est toujours plus vulnérable ;
- celui qui parle trop torpille sa négociation.

Les grands négociateurs le savent et ont développé des techniques pour rester silencieux. L'une des plus classiques consiste à compter mentalement, lentement : *1 crocodile, 2 crocodiles, 3 crocodiles, 4 crocodiles, 5 crocodiles, 6 crocodiles, 7 crocodiles, 8 crocodiles*. Ou : *1 ABC, 2 ABC, 3 ABC, 4 ABC, 5 ABC, 6 ABC, 7 ABC, 8 ABC.*

L'expérience montre que, le plus souvent, votre interlocuteur prendra la parole lorsque vous atteindrez 4 ou 5. Vous aurez gagné.

En revanche, si vous atteignez 8 et que votre interlocuteur n'a pas parlé, il ne s'exprimera probablement pas. La partie de bras de fer se poursuivra. Ce n'est pas une raison pour abandonner : vous avez affaire à un professionnel et, comme tout professionnel, il aime bien affronter les personnes de sa « tribu ».

Comptez jusqu'à 8 pour réussir à rester silencieux

Lisez le « non-verbal » en joignant le geste à la parole

Les articles sur le langage non verbal font toujours recette.

Vous y apprenez en quelques pages tout ce qu'il faut faire pour être perçu positivement et tout ce que vous devez observer pour découvrir ce que l'autre pense. Très souvent, les explications sont un peu sommaires et les raccourcis rapides.

Le langage non verbal présente l'avantage de vous permettre, dans quelques cas et sous certaines conditions, d'avoir un début de confirmation ou d'affirmation de ce que votre partenaire pense.

La tentation est de lire plus qu'il n'est dit et, surtout, de donner au langage non verbal priorité sur toute autre chose.

Les spécialistes du langage non verbal insistent essentiellement sur deux éléments-clés :

- il ne faut jamais se limiter à un signe non verbal, mais en combiner deux ou trois pour se forger un début d'impression ;
- la chose la plus importante consiste à mesurer la cohérence qui existe entre eux : le langage non verbal (les signes qu'émet votre interlocuteur) et son langage verbal (ce qu'il vous dit). L'exemple le plus fréquent est lorsqu'un homme dit à une femme ou une femme dit à un homme : « *Je vous aime.* » Dans une telle situation, il est toujours important de vérifier s'il y a cohérence entre ce que les yeux expriment et ce que les lèvres prononcent.

Lisez le « non-verbal »
en joignant le geste à la parole

POSEZ LES BONNES QUESTIONS AU BON MOMENT

Débutez vos questions par « Pourquoi » et « Comment » pour faire parler votre interlocuteur

Lors d'un entretien, vous disposez de deux types de questions :

- des questions fermées ;
- des questions ouvertes.

Elles peuvent être utilisées dans des buts différents.

Par exemple, si vous souhaitez mettre votre interlocuteur à l'aise, posez-lui une série de **questions fermées** (auxquelles on répond par *« oui »* ou par *« non »*) et qui appellent des réponses positives. Posez des questions dont vous êtes pratiquement sûr que la réponse sera *« oui »*. Faites-le trois ou quatre fois d'affilée.

Ensuite, enchaînez par une **question ouverte** qui commence par *« Pourquoi »* ou *« Comment »*.

Vous serez alors presque certain qu'il faudra 1 ou 2 minutes à votre interlocuteur pour vous répondre. C'est la voie royale pour le faire parler et obtenir des informations. Vous pourrez alors construire votre argumentation en sélectionnant la réalisation que vous avez menée à bien et qui correspond à l'une des préoccupations de votre interlocuteur.

Méfiez-vous cependant :

- des questions fermées trop brutales ;
- ouvertes et trop indiscrètes.

Débutez vos questions par « Pourquoi » et « Comment » pour faire parler votre interlocuteur

Faites préciser les contours de votre futur périmètre d'intervention

Près de 80 % des accidents de carrière (démissions ou licenciements, hors licenciements collectifs) viennent essentiellement d'une inadéquation entre un individu et son supérieur hiérarchique ou, éventuellement, ses conditions de travail.

Il importe donc, lors de l'entretien d'embauche et avant d'accepter une proposition, de vérifier où vous mettez les pieds. Est-ce un poste qui vous convient ? Qui ne risque pas de vous déplaire dans six ou huit mois ? Et, avant tout, dans lequel vous allez vous épanouir ?

Vous ne pourrez jamais en avoir la certitude, mais au moins en limiter les risques et mettre ainsi toutes les chances de votre côté.

Pour y parvenir, questionnez discrètement (parfois indirectement) votre interlocuteur pour connaître :

- ses trois valeurs-clés ;
- les trois tâches prioritaires du poste à pourvoir ;
- les moyens dont vous allez disposer.

Demandez également à rencontrer vos futurs collègues et en particulier vos futurs subordonnés.

Faites préciser les contours
de votre futur périmètre d'intervention

Préférez : « Que puis-je faire pour vous ? » à « Puis-je vous aider ? »

L'une des plus grandes chaînes mondiales d'hôtels forme ses employés en leur recommandant de toujours préférer la formule : *« Que puis-je faire pour vous ? »* à *« Puis-je vous aider ? »*

Cela est très instructif.

Les deux formules sont focalisées sur votre interlocuteur. Cependant, en les relisant plusieurs fois, on réalise que la première est plus tournée vers l'action et proche du passage à l'acte.

Pour vous, il en va de même en entretien. Soyez focalisé sur votre interlocuteur et montrez-lui par vos questions et propositions que vous souhaitez lui être utile, travailler pour lui.

Préférez : « Que puis-je faire pour vous ? »
à « Puis-je vous aider ? »

ARGUMENTEZ EFFICACEMENT POUR CONVAINCRE

Appliquez la formule gagnante en entretien « VOUS - MOI - NOUS »

La formule gagnante en entretien est extrêmement simple et facile à retenir : « VOUS – MOI – NOUS ».

Un recruteur essaiera souvent de débuter l'entretien en vous demandant de parler de vous. Si vous le faites, limitez votre temps de parole à 2 minutes. Au-delà de 4 ou 5 minutes de monologue et sans connaître les préoccupations de votre interlocuteur, vous risquez de dire des choses qui ne présentent aucun intérêt pour lui ou, pire, qui l'ennuient ; ou, pire encore, qui lui font décider de vous éliminer.

Commencez par « VOUS ». Demandez à votre interlocuteur quelles sont ses préoccupations/priorités. Posez-lui des questions dont vous connaissez bien sûr les réponses (puisque, avant l'entretien, vous avez interrogé des personnes exerçant le métier que vous souhaitez embrasser).

Continuez par « MOI ». Une fois que vous connaissez avec précision les deux ou trois attentes de votre interlocuteur, présentez-lui des réalisations que vous avez menées à bien et qui correspondent à ses souhaits. Chacune de vos réalisations doit être présentée en 20 secondes environ. Ne les développez (prenez pour cela environ 2 minutes) que si votre interlocuteur le demande.

Terminez par « NOUS ». S'il y a une correspondance forte entre les attentes de votre interlocuteur et ce que vous pouvez faire pour lui, il suffit de marier « ses ressources à vos opportunités » et de conclure. S'il ne vous propose rien, prenez l'initiative et dites-lui une phrase du style : *« Que décide-t-on ? », « Pensez-vous que nous pouvons envisager de travailler ensemble ?... »*.

Appliquez la formule gagnante en entretien
« VOUS – MOI – NOUS »

Effectuez des allers-retours entre leurs « problèmes » et vos « solutions »

La clé du succès en entretien d'embauche consiste à faire des « allers-retours » entre :

- les préoccupations de votre interlocuteur ;
- les réalisations que vous avez menées à bien et qui peuvent correspondre à ses préoccupations.

La grande majorité des candidats commettent l'erreur « numéro 1 » qui consiste à parler de SOI avant de faire parler l'autre.

En procédant de la sorte, ils prennent le risque d'exposer des choses qui non seulement ne correspondent pas aux préoccupations de leur interlocuteur, mais lui permettent peut-être de les éliminer.

Vous devez commencer par LUI (faire parler votre interlocuteur) puis continuer par VOUS (parler de vos réalisations).

Pour cela, préparez vos dossiers avant l'entretien et identifiez les sujets « chauds » qui le préoccupent. Évitez avant tout de parler de « problèmes ». Personne n'a de « problèmes », mais tout le monde a :

- des préoccupations ;
- des priorités ;
- des tâches à satisfaire ;
- des objectifs à atteindre à court terme ;
- des solutions à trouver ;
- des difficultés à résoudre ;
- … mais, souvenez-vous, personne n'a de problèmes.

Effectuez des allers-retours
entre leurs « problèmes » et vos « solutions »

Décryptez les questions de votre interlocuteur pour mesurer son degré de sécurisation

Une analogie peut être faite entre un entretien d'embauche et la construction d'une maison :

- dans un premier temps, on « sécurise » grâce aux fondations (le passé) ;
- puis, dans un deuxième temps, on construit la maison (le futur).

Plus de 1 000 demandeurs d'emploi ont été questionnés pour permettre de découvrir les 35 questions les plus fréquentes en entretien[1] :

- **87 %** des questions posées par un recruteur sont tournées vers le passé ou le présent. Dans un premier temps, il cherche à se sécuriser. Cela signifie que vous devez citer des réalisations et les étayer avec des chiffres ou des faits pour les authentifier et, ainsi, sécuriser votre interlocuteur ;
- **13 %** des questions posées par un recruteur sont tournées vers le futur et posées dans un deuxième temps. Cela signifie qu'une fois sécurisé, votre recruteur se projette alors dans l'avenir.

1. Source : enquête Porot et Partenaire.

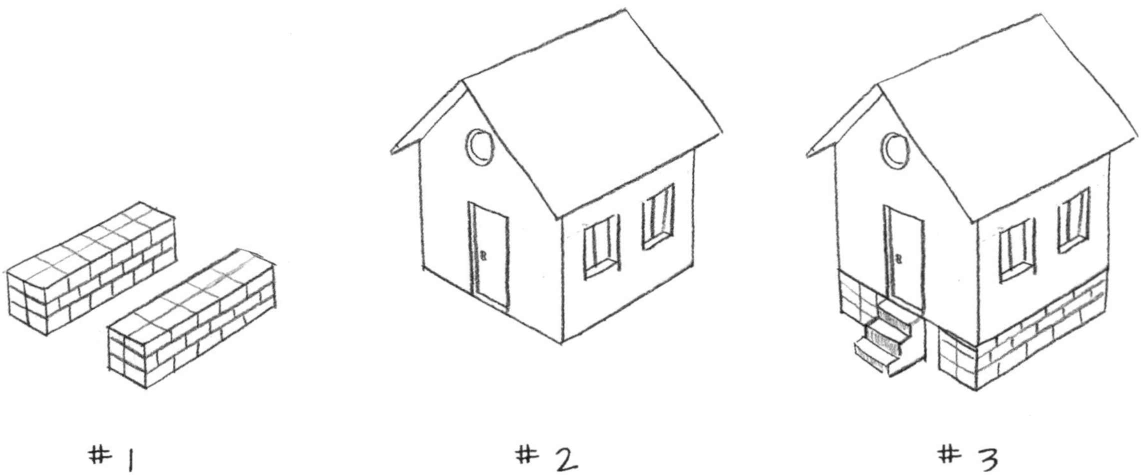

Décryptez les questions de votre interlocuteur pour mesurer son degré de sécurisation

Choisissez la meilleure formule pour parler de vous sans courir le risque de vous « suicider »

À la question : « *Quels sont vos défauts et vos qualités ?* », la pire des choses est de vous lancer dans une longue dissertation… et de vous « suicider » allègrement.

Il existe plusieurs formules pour bien répondre ou éviter de mal répondre. Vous pouvez citer :

- trois qualités et poser une question pour changer de sujet ;
- trois qualités et trois faux défauts *(« Je suis un peu perfectionniste… »)*, puis poser une question pour changer de sujet ;
- trois qualités et dire : « *Mon défaut principal est de ne jamais préparer une réponse toute faite pour cette question* », puis poser une question pour changer de sujet ;
- trois qualités et dire : « *J'ai un défaut, c'est de ne pas aimer les oursins… ou les huîtres… ou les épinards* », puis regarder votre interlocuteur avec un sourire complice et lui poser une question pour changer de sujet ;
- trois qualités et mentionner un ou deux défauts qui ne présentent aucun inconvénient pour le poste à pourvoir (par exemple : « *Je n'aime pas et ai du mal à parler en public* » alors qu'il ne faut jamais le faire dans ce job), puis poser une question pour changer de sujet.

Choisissez la meilleure formule pour parler de vous sans courir le risque de vous « suicider »

N'ennuyez pas votre interlocuteur en lui racontant des choses qui sont sans intérêt… pour lui

Le film *Autant en emporte le vent* possède une foule d'admirateurs qui le considèrent comme un film culte. Ils sont unanimes pour vous dire que :

- la première partie (qui dure 1 h 15) est très courte ;
- la deuxième (qui dure 1 h 15) est très longue.

Ce paradoxe vient du fait que la première partie est passionnante et la seconde traîne en longueur.

En entretien d'embauche, il existe exactement le même phénomène.

Si ce que vous dites présente un intérêt pour l'autre, votre temps de parole est extrêmement court. Si, par contre, ce que vous dites ne présente aucun intérêt, votre temps de parole devient alors extrêmement long.

Il importe donc, lorsque vous prenez la parole, de vous assurer que ce que vous dites présente un intérêt pour votre interlocuteur.

Abordez brièvement le sujet. N'y passez que quelques secondes et demandez à votre interlocuteur s'il souhaite que vous le développiez.

S'il change de sujet, saisissez immédiatement son message. Vous êtes sur une mauvaise piste.

Si, au contraire, il vous demande de développer, continuez. Mais faites-le de façon sobre et limitée dans le temps, pendant 2 à 4 minutes. Terminez toujours vos interventions en posant une question pour redonner la parole à votre interlocuteur.

N'ennuyez pas votre interlocuteur en lui racontant des choses qui sont sans intérêt... pour lui

Ajustez votre tir pour atteindre le centre de votre cible

Avant de vous rendre à votre entretien d'embauche, vous avez pris soin :

- d'analyser toutes les réalisations que vous avez menées à bien par le passé ;
- de les traduire sous forme de petits paragraphes.

Chaque paragraphe doit :

- correspondre à une réalisation (une seule idée par paragraphe) ;
- tenir sur deux ou trois lignes dactylographiées ;
- comporter deux ou trois phrases (de douze à quatorze mots chacune, ce qui rend leur lisibilité optimale) ;
- correspondre à une réalisation que vous avez menée à bien seul ou avec d'autres ;
- pouvoir être présenté en 20 secondes environ ;
- présenter/inclure une preuve tangible (chiffre, pourcentage, fait…) ;
- ne pas comporter d'adjectif ou d'adverbe ;
- être exprimé de façon à pouvoir entrer dans la « sphère de référence » de votre interlocuteur.
- Vous êtes fin prêt lorsque vous avez préparé cinq à quinze paragraphes.

Ajustez votre tir pour atteindre le centre de votre cible

Permettez à votre interlocuteur de vous voler vos idées, mais conservez votre savoir-faire

« Et si je dis à mon recruteur comment je m'y suis pris pour mener à bien mes tâches/projets/missions, il va tout me prendre et n'aura plus besoin de moi, donc ne m'embauchera pas. »

C'est ce que redoutent de nombreux candidats. En fait, il s'agit d'une fausse crainte.

La connaissance d'une méthode ou d'un procédé ne constitue qu'une partie de votre valeur. Votre vraie valeur est votre **valeur ajoutée**.

Votre **valeur ajoutée**, ce qui vous rend unique et donne envie à votre interlocuteur de vous recruter, est votre capacité à mettre en place, à appliquer une méthode et surtout à pouvoir :

- anticiper ;
- contrôler ;
- éradiquer ;
- faire avorter ;
- maîtriser ;
- repérer ;
- … /…

… les risques et difficultés inhérents à la mise en place d'améliorations et de méthodes nouvelles.

Permettez à votre interlocuteur de vous voler vos idées, mais conservez votre savoir-faire

Citez des exemples en harmonie avec le cadre de référence de votre interlocuteur

Si vous vous déplacez dans les rues de Manille et qu'un Philippin vous signale en tagalog (la langue locale) qu'une voiture va vous écraser, vous lui répondez par un large sourire. Immédiatement après, une voiture vous passe sur le corps. Vous ne parlez pas le tagalog et n'avez pas pu comprendre son message.

Par ailleurs, si un passionné de boiseries du XVIIe siècle vous présente une armoire admirablement travaillée, cela vous laisse probablement de marbre si les seuls meubles qui vous intéressent sont ceux produits après 1930. Vous n'avez aucune sensibilité pour ce type de boiseries, et ne pouvez donc vous en émouvoir.

Il en va de même en recherche d'emploi et plus précisément en entretien d'embauche. Avant de présenter à votre interlocuteur l'une de vos réalisations, assurez-vous :

- d'une part, qu'elle correspond à l'une de ses préoccupations (posez-lui pour cela des questions) ;
- d'autre part, que l'univers dans lequel vous avez conduit cette réalisation est semblable ou proche de celui de votre interlocuteur.

Ainsi, si vous avez travaillé dans une société évoluant dans le domaine de l'informatique, votre taux de croissance était peut-être à deux ou trois chiffres (50 %, 120 %, 350 %…). Si vous le citez à une société dans le secteur de l'automobile ou des lessives, cela n'aura aucun impact. Pareillement, si vous venez du monde de l'automobile ou des lessives, une croissance de part de marché de 2 ou de 5 % est tout à fait raisonnable, voire remarquable. Si vous citez malencontreusement un tel taux à une société qui se lance dans le domaine de l'informatique, vous passez pour être « à côté de la plaque ».

Citez des exemples en harmonie avec le cadre de référence de votre interlocuteur

Laissez parler les événements pour vous, au lieu de risquer de parler maladroitement de vous

Nous rencontrons tous un dilemme lorsque l'on nous demande de parler de nous et de citer nos réalisations. Nous adoptons souvent l'une de ces deux attitudes :

- nous risquons de pécher par excès d'humilité *(« Je ne sais pas », « Un petit nombre », « Un certain pourcentage »...)* ;
- ou au contraire par orgueil en utilisant une pléthore d'adjectifs ou d'adverbes *(« remarquable », « supérieur », « très important »...).*

Il est très difficile, voire impossible, de parler de soi en utilisant le juste ton. Pour tourner la difficulté, il suffit de laisser parler les événements pour vous. Ainsi, lorsque l'on vous demande de citer l'une de vos réalisations :

- citez le résultat atteint (en utilisant un chiffre, un pourcentage ou un fait) ;
- dites si vous l'avez fait seul ou en équipe ;
- précisez une condition qui rendait cette tâche particulièrement difficile (cela la valorisera) ;
- utilisez éventuellement un petit mystère (aiguillon ou « teaser ») pour aiguiser la curiosité de votre interlocuteur ;
- et enfin, si vous avez mené cette réalisation dans un univers très différent de celui de votre interlocuteur, créez un « pont » en trouvant un point commun entre ces deux univers (en complétant la phrase : *« Dans une organisation qui, comme la vôtre... »*).

Laissez parler les événements pour vous,
au lieu de risquer de parler maladroitement de vous

Préférez le portfolio qui convainc, au CV qui fait éliminer

Une grande majorité des candidats utilisent un CV au cours d'un entretien.

S'il a été préparé avant l'entretien, il n'est certainement pas sur mesure et ne tient pas compte des préoccupations de votre interlocuteur. Cela présente un risque. Votre CV risque de comporter des informations qui peuvent servir à votre interlocuteur à vous éliminer. Le CV est, somme toute, un outil rigidifiant et cristallisant.

Une alternative très astucieuse consiste à réaliser un portfolio. Il s'agit d'un dossier qui comporte entre cinq et quinze documents. Chacun de ces documents illustre une réalisation que vous avez menée à bien, un talent ou une compétence que vous possédez/maîtrisez et aimez utiliser.

Certains emplois se prêtent parfaitement à cette formule du portfolio (appelé parfois « press-book » pour certains métiers tels que le mannequinat, les graphistes ou les architectes d'intérieur). D'autres un peu moins.

Néanmoins, avec un peu d'imagination, vous pouvez développer un portfolio pour n'importe quel type d'emploi. Il peut comporter :

- des articles que vous avez écrits ou qui parlent de vous ;
- des coupures de presse ;
- des graphiques/cours ;
- des photos/illustrations ;
- des tableaux ;
- .../...

En entretien, si l'on vous demande de présenter un CV, il vous suffit alors de dire : *« C'est avec beaucoup de plaisir que je vais vous le remettre/transmettre. Juste avant, permettez-moi de vous montrer quelques-unes des réalisations que j'ai menées à bien. »* Ne remettez pas l'ensemble de votre portfolio, mais sélectionnez à l'intérieur le document (photo, tableau, article, graphique...) qui correspond le mieux à la préoccupation que votre interlocuteur a exprimée.

Préférez le portfolio qui convainc,
au CV qui fait éliminer

Articulez vos interventions autour du « 5 - 20 - 60 »

Pour être percutantes, vos interventions doivent se faire selon la formule « 5 – 20 – 60 ». Idéalement vous devez :

- durant **5 secondes**, vous assurer que ce que vous avez l'intention de dire correspond à ce que votre recruteur souhaite entendre. Par exemple : *« J'ai été amené à récupérer des créances lors de deux missions. Souhaitez-vous que je vous en parle ? »* ;
- durant les **20 secondes** suivantes, présenter votre réalisation (ce que vous avez préparé sous la forme d'un paragraphe de trois à cinq lignes dactylographiées). Terminez en demandant : *« Ai-je répondu à votre question ? »* ;
- si votre interlocuteur veut en savoir plus, et seulement dans ce cas, prendre la parole pendant **60 secondes** (1 minute). Puis cessez de parler. Demandez-lui ce qu'il en pense et comment il verrait ce type d'intervention dans le cadre de son entreprise/département.

Cette formule de type « Menu » s'apparente au menu que vous trouvez sur le traitement de texte (à trois niveaux dans l'exemple ci-dessous).

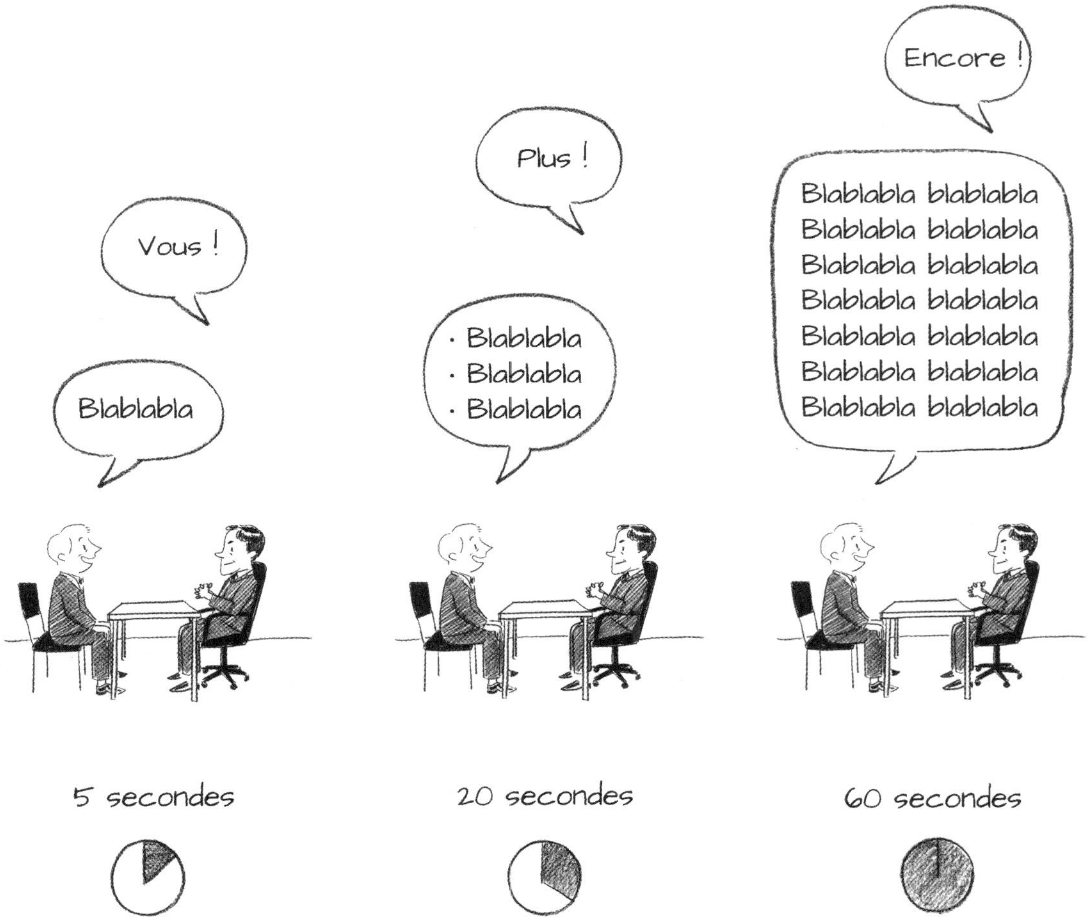

Articulez vos interventions autour du « 5 – 20 – 60 »

Soyez toujours ravi de parler de vous, mais limitez-vous à 2 minutes

De nombreux recruteurs (pas toujours les meilleurs) vous poseront la question classique : *« Parlez-moi de vous. »* Elle comporte d'ailleurs de nombreuses variantes : *« Quel a été votre parcours jusqu'à ce jour ? »*, *« Quelles ont été les réalisations qui ont le plus contribué au développement de votre personnalité ? »*, etc.

Ne perdez pas votre sang-froid et ne vous ruez pas pour prendre la parole pendant 15 à 30 minutes… et vous « suicider » verbalement.

Dites : *« Oui, avec plaisir »* (qui n'aime pas parler de soi ?) et posez à votre interlocuteur l'un des trois groupes de questions suivants :

- *« Oui, avec plaisir. Souhaitez-vous que je le fasse :*
  - *de façon chronologique/en commençant depuis le début ? ;*
  - *ou antéchronologique en commençant par la fin ? ;*
  - *ou en me limitant aux phases-clés ? »*
- *« Oui, avec plaisir. Souhaitez-vous que je développe :*
  - *les aspects professionnels ? ;*
  - *mes activités extraprofessionnelles ? ;*
  - *ou les deux ? »*
- *« Oui, avec plaisir. Souhaitez-vous que :*
  - *je le fasse de façon très développée ? ;*
  - *ou plutôt succincte ? »*

Et, quelle que soit sa réponse, répondez pendant 2 minutes (au maximum) et terminez par une question.

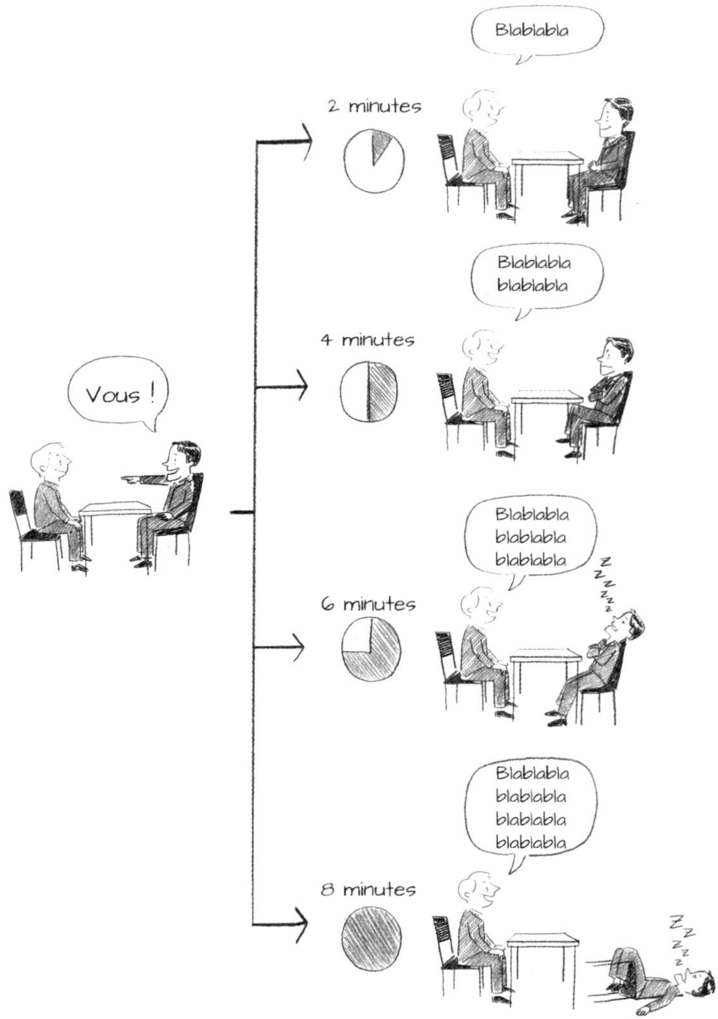

Soyez toujours ravi de parler de vous, mais limitez-vous à 2 minutes

SOYEZ À L'AISE FACE AUX QUESTIONS CLASSIQUES ET AUX QUESTIONS PIÈGES

Préparez vos réponses aux 4 questions-clés de tout recruteur

Richard Bolles, dans son excellent livre *De quelle couleur est votre parachute*[1] ?, précise qu'un recruteur n'est – somme toute – préoccupé que par quatre questions fondamentales qui sont :

- « ***Qui êtes-vous ?*** » À vous de pouvoir vous définir en 2 minutes. Pour cela, choisissez dans votre passé professionnel et extraprofessionnel des réalisations qui intéressent votre interlocuteur ;
- « ***Pourquoi nous avez-vous choisis ?*** » Évitez les phrases creuses, évidentes et faciles (par exemple : « *Parce que vous êtes le plus grand* », « *Parce que vous avez une bonne politique de formation* »...). Mais indiquez une ou deux choses extrêmement pertinentes et valorisantes pour votre interlocuteur ;
- « ***Que pouvez-vous faire pour nous ?*** » Soyez prêt à suggérer deux ou trois tâches/projets/missions qui correspondent à des préoccupations/priorités de votre interlocuteur (d'où l'importance de préparer votre entretien à l'avance, afin de ne pas être pris au dépourvu et d'avoir des exemples à proposer) ;
- « ***Combien allez-vous nous coûter ?*** » C'est la question à laquelle vous ne devez pas répondre. Arrangez-vous pour calculer avec votre interlocuteur votre future contribution pour l'entreprise (augmentation de gains, diminution de coûts ou évitement d'erreurs). Une fois ce calcul fait et accepté, demandez qu'une partie de cette contribution constitue votre salaire.

1. Éditions Reynald Goulet, 2014 (ouvrage régulièrement réédité).

Préparez vos réponses
aux 4 questions-clés de tout recruteur

Décryptez chaque question en devinant son sous-titre

Lorsque vous allez au cinéma et que le film est donné en VO (version originale), les traductions apparaissent au bas de l'écran.

L'entretien d'embauche peut, dans une certaine mesure, être assimilé à un film en VO. Très souvent votre interlocuteur parle dans une langue étrangère (non pas au sens littéral, mais au sens figuré).

Ses questions doivent être décryptées et il vous revient de découvrir les « sous-titres » de certaines d'entre elles.

Vous pouvez le faire spontanément, si vous êtes intuitif. Dans le cas contraire, ou dans le doute, reformulez sa question différemment pour vérifier ce qu'il souhaite véritablement savoir. Par exemple, s'il vous demande :

- ***« Que m'apportez-vous de plus qu'un autre candidat ? »***

Ce que votre interlocuteur veut vraiment vous demander est peut-être :

- *« Avez-vous compris les critères prioritaires du poste ? »*
- *« Avez-vous une valeur "ajoutée" à m'offrir qui m'aurait échappé ? »*
- *« Êtes-vous vraiment déterminé ou flirtez-vous avec différents employeurs ? »*

- ***« Quel choix/objectif de carrière avez-vous en ce moment ? »***

Ce que votre interlocuteur veut vraiment vous demander est peut-être :

- *« Aimez-vous les défis ? les risques ? »*
- *« Comment voyez-vous votre futur professionnel ? »*
- *« Voulez-vous faire carrière chez nous ? »*

- ***« Quel a été le résultat de votre dernière évaluation ? »***

Ce que votre interlocuteur veut vraiment vous demander est peut-être :

- *« Connaissez-vous votre valeur ? »*
- *« Quel est votre niveau de qualification ? »*
- *« Savez-vous vous remettre en question ? »*

Décryptez chaque question
en devinant son sous-titre

Repoussez le moment d'aborder vos points faibles

Nous avons recensé dix-sept points sensibles sur lesquels un demandeur d'emploi peut être très vulnérable, voire handicapé. Par exemple, son :

- **âge** (trop jeune, trop vieux) ;
- **genre** (homme ou femme) ;
- **manque d'expérience ;**
- **absence de diplômes ou du diplôme recherché par l'entreprise.**

Il en existe au moins dix-sept et vous en possédez sans doute de trois à cinq.

Dans certains cas, ils ne représentent pas un problème pour le poste à pourvoir ou pour le recruteur… N'en faites surtout pas cas.

S'ils constituent un obstacle ou une difficulté, vous disposez de deux stratégies :

- **proactive :** elle consiste à aborder le sujet relativement tard dans l'entretien, c'est-à-dire une fois que votre interlocuteur a pu apprécier ce que vous avez à lui offrir (sûrement pas avant l'entretien, mais plutôt après 30 à 40 minutes ou juste après qu'il vous a proposé le poste). Préparez un texte positif de trois à cinq lignes pour répondre et terminez en posant une question pour changer de sujet. Les spécialistes de la négociation appellent cette stratégie « la gestion de rétention de l'information » ;
- **réactive :** elle consiste à attendre que la question soit posée par votre interlocuteur. Répondez-lui en moins de 30 secondes, puis changez de sujet.

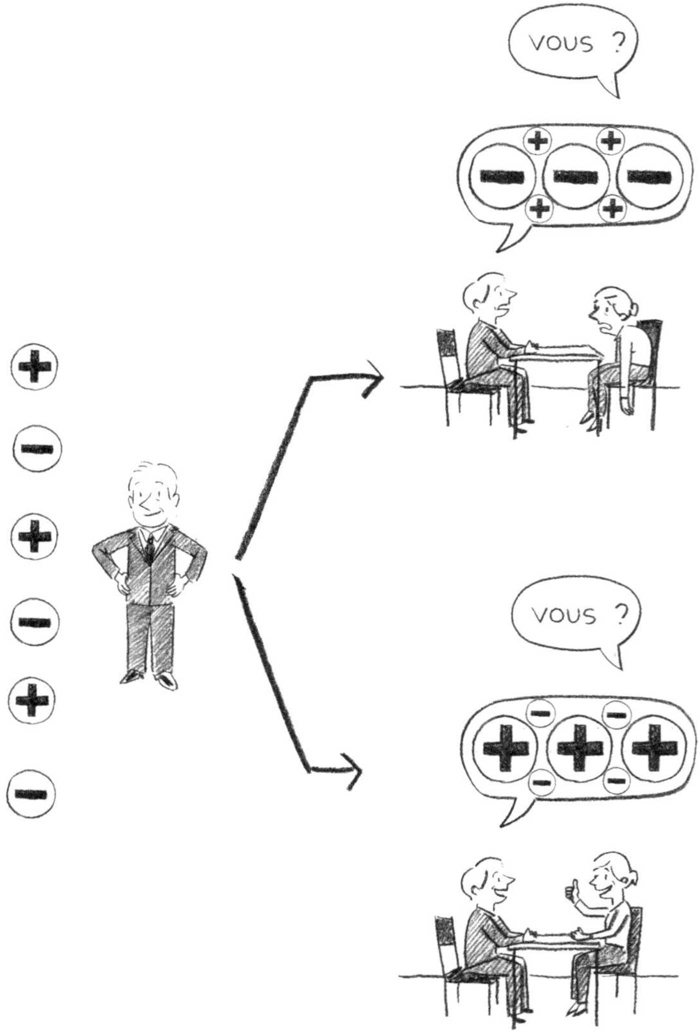

Repoussez le moment d'aborder vos points faibles

SOIGNEZ L'APRÈS-ENTRETIEN

Augmentez vos chances de vous voir proposer l'emploi désiré en envoyant une « lettre de château » après l'entretien

La « lettre de château » est un document envoyé après l'entretien et qui vous permet d'augmenter vos chances de vous voir proposer le job. Et ce, en toute simplicité et… facilement.

Au Moyen Âge, lorsqu'un châtelain en invitait un autre, il était de bon ton que l'invité envoie une lettre de remerciements dans les trois jours qui suivaient l'événement.

En entretien d'embauche, vous pouvez appliquer le même principe. Dans les trois jours qui suivent l'entretien, envoyez à la personne qui vous a reçu une lettre ou un courriel comportant trois parties :

- **une première partie** dans laquelle vous exprimez le **plaisir** que vous avez eu de le rencontrer ;
- **une deuxième partie** où vous lui précisez que vous avez bien noté ses **trois priorités ou les trois tâches-clés** de la fonction/poste à pourvoir qu'il vous a exposées durant l'entretien. En techniques de vente, cette formule consiste à donner à l'autre une « quittance d'écoute » ;
- **une troisième partie** où vous lui confirmez votre **intérêt pour le poste** et ce dont vous êtes convenus, c'est-à-dire, à qui revient l'initiative du prochain contact et sous quels délais.

Augmentez vos chances de vous voir proposer l'emploi désiré en envoyant une « lettre de château » après l'entretien

Relancez, en cas de silence, 3 jours ouvrables après la date prévue

Il arrive parfois qu'un recruteur précise à son candidat qu'il :

- aura l'initiative du prochain contact ;
- lui fixe une date et que, malgré sa promesse, il ne respecte pas son engagement.

Pour un candidat, ce silence pesant est très démobilisateur et embarrassant. L'attitude à adopter est très simple. Il suffit :

- de laisser passer 3 jours ouvrables ;
- puis de prendre l'initiative :
  - soit en téléphonant à l'assistant du recruteur (pour autant qu'il en ait un), puis de lui dire une phrase du style : « *Nous étions convenus de nous recontacter. Savez-vous ce qu'il en est ? Je me permettrai de reprendre contact avec vous sous 48 heures.* » Contrôlez votre ton de façon qu'il ne soit ni agressif ni inquisiteur. Gardez l'initiative du prochain contact. Si votre recruteur n'a pas d'assistant, évitez de l'appeler, car vous risqueriez de passer un entretien téléphonique supplémentaire,
  - soit de lui envoyer un courrier ou courriel simple dans lequel vous lui demandez où il en est de sa décision et s'il lui manque des informations pour la prendre.

Relancez, en cas de silence,
3 jours ouvrables après la date prévue

Faites mûrir leur décision et l'orienter en votre faveur

Si le temps passe et que vous sentez que votre recruteur a des difficultés pour prendre sa décision et vous proposer le job qui vous attire, plusieurs stratégies s'offrent à vous :

- **stratégie # 1 – Décrochez intellectuellement** et concentrez-vous sur un projet qui arrive à occuper votre temps et, surtout, votre esprit ;
- **stratégie # 2 – Continuez à rechercher activement un emploi** en frappant à d'autres portes et, surtout, en approchant les concurrents de l'entreprise avec laquelle vous avez entamé des négociations ;
- **stratégie # 3 – Prenez la plume** (pour expédier un courrier ou un courriel) **ou le téléphone** (pour appeler de préférence l'assistant de votre recruteur et non pas votre recruteur qui risquerait de vous faire passer un entretien supplémentaire) et dites une phrase du style : *« Les choses risquent de se précipiter de mon côté. Puis-je vous demander où vous en êtes dans votre processus de décision ? »*

Faites mûrir leur décision
et l'orienter en votre faveur

NÉGOCIEZ VOTRE SALAIRE AVEC SUCCÈS

Apprenez et appliquez aveuglément 4 principes simples pour réussir votre négociation de salaire

Si vous souhaitez réussir votre négociation de salaire, il vous faut appliquer quatre principes à la lettre… et ne pas en déroger :

- **principe 1 – Taisez-vous, ne parlez pas.** Moins vous parlerez lors de la négociation de salaire, mieux vous vous porterez. Il importe donc non seulement de ne pas être le premier à approcher le sujet, mais il vous faut également éviter (avec élégance) de répondre aux questions qui vous sont posées (question du style : *« Combien gagnez-vous ? »*, « *Quel était votre dernier salaire ?* », « *Quelles sont vos prétentions de salaire ?* ») ;
- **principe 2 – Si vous parlez… ne dites rien.** À la question : *« Quel salaire visez-vous ? »*, répondez par exemple : *« Dois-je comprendre que vous me faites une proposition ferme d'embauche ? »* ou *« Je serais ravi de répondre à votre question, mais, juste avant, puis-je vous demander de me préciser quelles sont les responsabilités attachées à cette fonction et les possibilités de promotion dans ce poste ? »* ;
- **principe 3 – Faites parler.** Demandez par exemple si l'entreprise a recruté, au cours des trois dernières années, une personne ayant votre profil. Dans l'affirmative, faites préciser quelle a été sa progression en termes de responsabilités et de salaire. Vous pouvez également, si l'on vous demande ce que vous souhaitez gagner, retourner la question en demandant : *« Avez-vous des courbes/grilles de salaire ? »* Si c'est le cas, faites préciser à votre interlocuteur ce qu'elles indiquent ;
- **principe 4 – Ne donnez pas de leçons de morale.** Évitez à tout prix les formules qui tuent du genre : *« Ce n'est pas normal »*, *« Oui, mais, dans mon cas, une étude montre que… »*, *« Avec un diplôme de… je devrais gagner au moins… »*.

Apprenez et appliquez aveuglément 4 principes simples pour réussir votre négociation de salaire

Prenez votre temps lors de votre négociation de salaire... il travaille pour vous

La négociation de salaire est une opération tellement terrifiante pour certains candidats que lorsqu'ils l'entament, leur seul désir... est d'en sortir le plus vite possible.

De ce fait, une négociation de salaire dure très souvent entre 1 et 3 minutes. Un temps très court si vous le comparez aux 3, 5, 10 voire 15 années que vous allez passer dans le poste et à la somme que cela représente.

Un calcul rapide risque de vous faire réfléchir :

- supposons que votre négociation de salaire dure 3 minutes, soit 180 secondes ;
- imaginons que le salaire annuel que vous visez soit de 50 000 € ;
- posons arbitrairement que vous restiez 5 ans dans cet emploi. Vous allez donc gagner : 250 000 € (5 ans à 50 000 € par an) ;
- ce qui signifie que, lors de votre négociation de salaire, chaque seconde va vous rapporter 1 388 € (250 000 € divisés par 180).

1 388 € par seconde... une sacrée bonne affaire !

Passez donc plus de temps à négocier votre salaire, ne vous précipitez pas. Plus le temps passe, plus vos chances de gagner plus... augmentent !

Prenez votre temps lors de votre négociation de salaire… il travaille pour vous

Défaussez-vous avec élégance pour ne pas annoncer votre dernier salaire ou salaire actuel

L'une des toutes premières questions que de nombreux recruteurs posent (parfois même avant l'entretien en vous demandant de renseigner un questionnaire standard ou par téléphone) est : « *Quel était votre dernier salaire ?* » ou « *Quel est votre salaire actuel ?* » ou « *Quel salaire visez-vous/quelles sont vos prétentions de salaire ?* ».

Il ne faut absolument pas répondre à cette question, aussi longtemps que vous n'avez aucune information sur le poste et que vous n'avez pas eu la possibilité de démontrer que vous étiez unique, c'est-à-dire que vous possédez les compétences et connaissances recherchées par l'entreprise. Toute négociation de salaire entamée avant cette phase est tout simplement suicidaire. L'intérêt pour l'employeur est de réaliser un premier tri sur un critère qui n'a rien à voir avec les compétences des candidats.

Pour éviter de répondre à cette question et la repousser à plus tard, trois formules s'offrent à vous :

- **formule 1** – Dites : « *Il existait un* gentleman's agreement *dans l'entreprise où je travaillais selon lequel nous ne sommes pas censés dévoiler notre salaire à l'extérieur.* » Dans certains cas, ce *gentleman's agreement* existe sous la forme écrite et est cosigné par les protagonistes (par exemple, on le rencontre fréquemment en Allemagne et en Inde) ;
- **formule 2** – Proposez à votre interlocuteur : « *Souhaitez-vous que je vous le dise ou que je vous en fournisse une preuve écrite ?* » S'il vous répond : « *Oh, dites-le-moi tout simplement.* » Répondez : « *Je vous le communiquerai après avoir négocié mon salaire chez vous. Je pense en effet qu'il s'agit de votre part d'un piège pour tester mes capacités de négociateur… Or, il est important de l'être dans le poste à pourvoir.* » ;
- **formule 3** – Annoncez à votre recruteur : « *Le salaire que je gagnais se situe tout à fait dans la fourchette que je vise pour mon prochain poste.* » Il vous demandera alors très probablement : « *Et quelle est cette fourchette ?* » Annoncez-lui alors une fourchette extrêmement large dans laquelle se situe (plutôt vers le bas) votre salaire actuel.

Défaussez-vous avec élégance pour ne pas annoncer votre dernier salaire ou salaire actuel

Attendez d'être sur le plateau pour entamer votre négociation de salaire

Dans l'un de ses livres, J. Chapman utilise une courbe pour représenter la négociation de salaire. Son idée est remarquable.

Il recommande au candidat de savoir, à tout moment, où il se trouve sur cette courbe et de ne commencer à négocier le salaire que lorsqu'il arrive sur le « plateau ».

Voici les différentes phases d'ascension de la courbe :

- en tout début d'entretien, le recruteur se demande : *« Qui est-il ? »* ;
- puis, pour autant que vos réponses soient pertinentes, il pense : *« Il n'est pas si mal. »* ;
- ensuite, si vous continuez à poser de bonnes questions et à argumenter positivement, il se dit : *« Il est même bien. »* ;
- tout logiquement, si les choses continuent à bien se passer, il se dit intérieurement : *« Je dois l'embaucher. »* ;
- et enfin, si vous lui faites savoir que vous êtes en campagne active de recherche d'emploi et en relation avec deux autres entreprises, il risque de penser : *« Je dois lui faire une proposition, car il risque de passer à la concurrence et je pourrais ainsi le perdre. »*

Vous êtes sur le plateau. Il est demandeur. C'est le bon moment. N'ouvrez pas les négociations, mais soyez prêt à y entrer. En résumé : ne vendez pas… faites acheter.

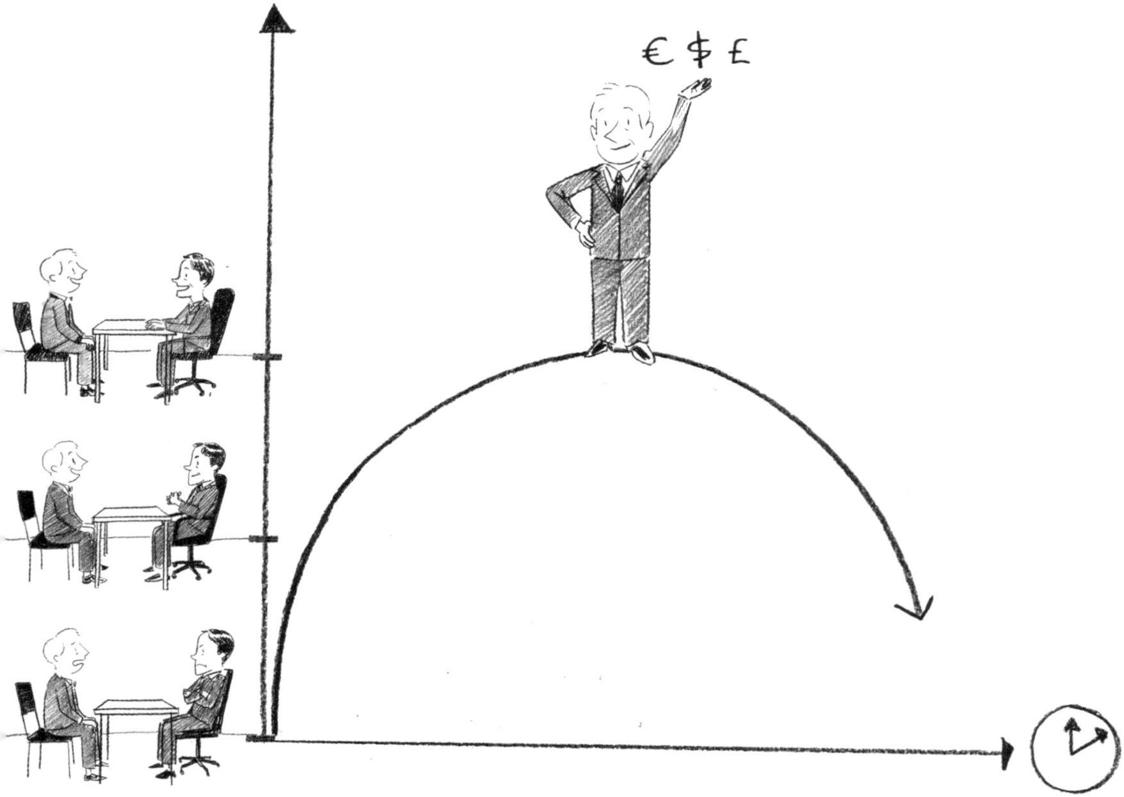

Attendez d'être sur le plateau
pour entamer votre négociation de salaire

Négociez toujours en parallèle avec 2 ou 3 interlocuteurs différents

En recherche d'emploi, plusieurs situations peuvent être angoissantes et/ou pénalisantes.

Le fait de ne négocier qu'avec une seule entreprise en fait partie. Ce cas se situe même dans le peloton de tête.

Pour réussir votre négociation avec l'entreprise que vous préférez et pour le poste qui vous attire le plus, il est essentiel de négocier en parallèle avec une ou deux autres entreprises (pour un poste semblable, voire d'autres postes).

Si votre campagne évolue péniblement et que vous arrivez à ne décrocher qu'un seul entretien avec une seule entreprise, efforcez-vous :

- soit de déclencher immédiatement des démarches vers des entreprises concurrentes qui souhaitent vous rencontrer ou avec lesquelles vous négociez (car, manifestement, vous présentez un intérêt pour ce type d'entreprises et dans ce secteur) ;
- soit d'approcher d'autres entreprises qui vous attirent peu et pour des postes qui ne vous tentent pas (votre ou vos plans B) et offrez-leur vos services.

Cela vous mettra dans une position de négociation beaucoup plus forte. Vous vous sentirez mieux. Votre recruteur le percevra. Et s'il vous pose la fameuse question : *« Avez-vous d'autres négociations en cours ? »*, vous pourrez répondre sans bluffer : *« Oui, avec deux autres entreprises, mais je ne vous cache pas que le poste dont nous discutons au sein de votre entreprise m'attire énormément. »*

Négociez toujours en parallèle avec 2 ou 3 interlocuteurs différents

Souvenez-vous que 12 œufs à 12 centimes sont moins chers qu'une douzaine à 1,44 €

Le fait a maintenant disparu en raison de l'existence des supermarchés, mais si vous avez la chance d'aller sur un marché traditionnel, vous trouverez parfois des paysans qui vendent les produits de leur ferme.

Parmi eux : des œufs.

Si ce sont de bons commerçants, ils vous indiqueront le prix par œuf : par exemple, « 12 centimes » et non le prix à la douzaine : « 1,44 € ».

Psychologiquement, 12 œufs à 12 centimes pièce sont moins chers qu'une douzaine à 1,44 €.

Vous pouvez tout à fait appliquer le même principe à la négociation de salaire et négocier votre salaire sur une base mensuelle plutôt qu'une base annuelle. Cette pratique est assez répandue, mais ne s'applique en général pas aux cadres dans certains secteurs ou aux cadres supérieurs.

Si vous réussissez à négocier sur une base mensuelle et une fois celle-ci terminée, demandez alors à votre interlocuteur le nombre de mois payés par an.

Vous aurez peut-être la bonne surprise de voir que la société qui vous recrute paie non pas sur 12 mois par an, mais sur 13, 14 voire sur 15 mois par an !

Souvenez-vous que 12 œufs à 12 centimes sont moins chers qu'une douzaine à 1,44 €

Gardez à l'esprit les 3 critères clés de sélection des recruteurs

Il existe trois critères de sélection des candidats qui apparaissent très rarement dans les annonces « offres d'emploi ».

En revanche, ils sont très présents dans la tête de nombreux recruteurs et jouent un rôle primordial dans la sélection. Ce sont :

- l'enthousiasme ;
- la détermination ;
- la persévérance.

Il importe donc de faire un parcours sans faute dans ces trois domaines :

- pour montrer votre **enthousiasme**, inutile de répéter plusieurs fois que ce poste vous attire et vous plaît. Vous aurez beaucoup plus d'impact en posant de bonnes questions à votre interlocuteur. Il jugera votre enthousiasme sur les questions que vous posez. En entretien, un candidat est beaucoup plus évalué sur les questions qu'il pose que… sur les réponses qu'il donne ;
- pour démontrer votre **détermination**, évitez les phrases du style : *« J'aimerais beaucoup »*, *« Ce type de poste me plairait énormément »*, mais dites plutôt : *« J'ai décidé. »* ;
- enfin, pour prouver votre **persévérance**, tirez de votre passé deux ou trois exemples qui montrent que vous avez su faire preuve de ténacité lors de situations particulièrement décourageantes.

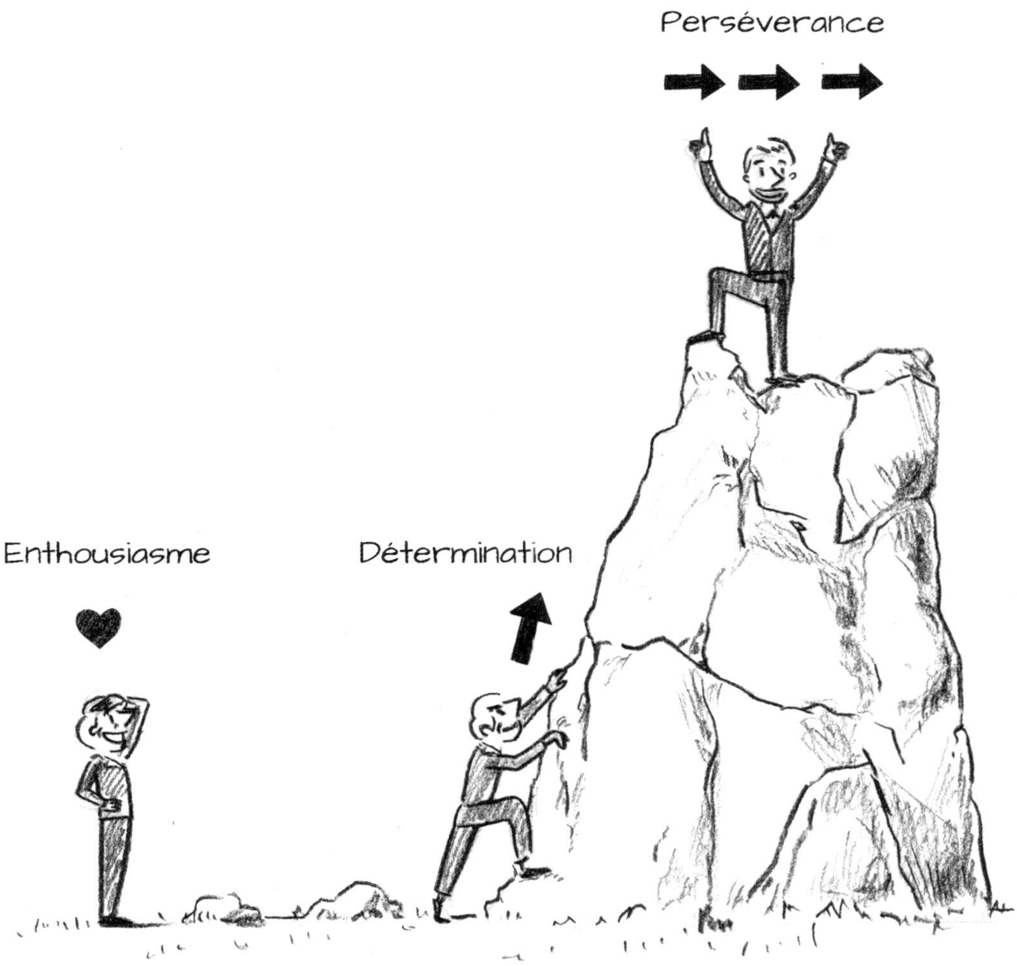

Gardez à l'esprit les 3 critères clés de sélection des recruteurs

Calculez avec votre recruteur votre contribution future pour fixer votre rémunération

Quels que soient la fonction, le secteur, l'entreprise ou l'employeur, un candidat est toujours embauché pour engendrer une contribution qui permet :

- d'augmenter les gains (ou d'y participer) ;
- et/ou de diminuer les coûts (ou d'y contribuer) ;
- et/ou d'éviter les erreurs (ou d'y concourir).

Parfois, la relation entre le travail de la personne recrutée et son impact sur sa contribution semble difficile à établir.

Il est aisé de trouver une relation de cause à effet :

- pour un vendeur (qui augmente les ventes ou trouve de nouveaux clients) ;
- pour un informaticien (qui développe un logiciel et permet de réaliser des économies) ;
- pour un juriste (qui inclut une clause spéciale dans un contrat et permet ainsi d'éviter un procès éventuel coûteux).

Dans d'autres cas, cette relation est plus difficile à établir :

- pour un travailleur social, dont l'efficacité permettra peut-être de renouveler des budgets ou d'en décrocher de nouveaux ;
- pour un journaliste, dont la qualité d'une série d'articles permettra de fidéliser une partie de la clientèle.

À vous donc, avant votre négociation de salaire, d'évaluer ce que sera votre contribution chez votre futur employeur.

Calculez avec votre recruteur
votre contribution future pour fixer votre rémunération

Demandez un tiers de votre contribution future pour faciliter la négociation

L'erreur la plus fatale et la plus grave en entretien d'embauche consiste à indiquer votre dernier salaire, ou votre salaire actuel, ou à annoncer le chiffre ou la fourchette que vous visez.

Pour éviter de commettre cette erreur fatale, la meilleure façon est de vous taire ou de répondre à côté de la question en vous efforçant de donner la parole à votre interlocuteur. Vous avez annoncé un chiffre, vous avez donc parlé. C'est maintenant à lui de le faire.

Lorsque cela n'est pas/plus possible, vous pouvez utiliser la formule du « 1 versus 3 ».

Tous postes confondus, il existe un rapport entre la contribution d'un individu et la masse salariale qui lui est versée. Il est évalué à ⅓. C'est-à-dire que, si une personne engendre une contribution de 100 (par des augmentations de gains et/ou des diminutions de coûts et/ou des évitements d'erreurs), sa masse salariale sera environ de 33.

Ainsi, si vous êtes vraiment tenu de parler, il vous suffit :

- dans un premier temps, de définir votre contribution future ;
- dans un second temps, d'en demander une part. Si votre interlocuteur refuse d'en discuter, demandez-lui alors 50 % de ce montant ou rabattez-vous sur ⅓ de cette somme.

Le plus souvent, votre interlocuteur vous dira que ce n'est pas sa façon de calculer… car son entreprise utilise des courbes. Regardez-le alors candidement et demandez-lui : *« Que disent vos courbes ? »*

Vous avez parlé, c'est à lui de le faire.

Demandez un tiers de votre contribution future pour faciliter la négociation

Inspirez-vous du tarificateur du canal de Panamá pour tirer le maximum de votre négociation de salaire

Pour fixer le prix de la traversée du canal de Panamá, les responsables ont un raisonnement simple et efficace.

Ils calculent, dans un premier temps, ce que coûte à un navire qui passe de l'océan Atlantique à l'océan Pacifique de faire le détour par le cap Horn (environ quinze jours). Cela représente un coût certain. En utilisant le canal de Panamá, il est possible de l'économiser. Le prix du passeur du canal se situe quelque part autour de ce coût.

Vous pouvez appliquer le même concept en recherche d'emploi.

Calculez dans un premier temps la contribution que vous pouvez offrir par votre travail (en termes d'augmentation de gains et/ou de diminution de coûts et/ou d'évitement d'erreurs).

Faites-en part à votre interlocuteur et demandez-lui s'il pense que votre raisonnement est juste.

Ajustez votre chiffre et corrigez-le avec lui, si cela est nécessaire.

Puis, une fois d'accord sur le montant de votre future contribution moyenne, demandez-en une part : cela constituera votre salaire !

S'il vous demande quelle part vous souhaitez avoir, dites-lui que vous êtes très mauvais en mathématiques et que, pour éviter les erreurs, vous divisez habituellement par deux. Cela le fera probablement sourire. Vous aurez gagné la moitié de la partie.

Si votre interlocuteur vous dit que ce n'est pas sa façon de fonctionner, demandez-lui alors de prendre la parole et de vous annoncer ce qu'il a en tête.

Vous avez parlé en présentant votre contribution et, comme dans toute bonne négociation, c'est ensuite à lui de parler…

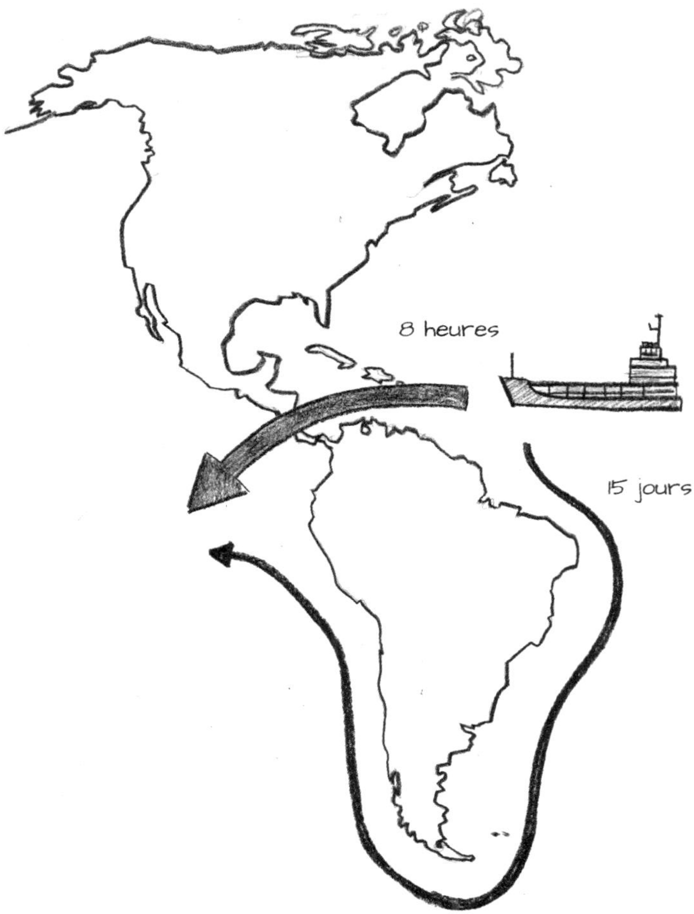

Inspirez-vous du tarificateur du canal de Panamá pour tirer le maximum de votre négociation de salaire

Demandez plus de responsabilités, si vous rencontrez trop de résistance sur le salaire et ce... pour le même salaire

Vous vous trouverez parfois dans des situations où votre interlocuteur est totalement bloqué et/ou n'a aucune marge de négociation pour le salaire. Il ne peut pas vous offrir le salaire que vous espérez obtenir malgré sa bonne volonté et l'envie qu'il a de vous embaucher. D'ailleurs, très souvent, il vous le dira spontanément.

L'une des solutions, très originale, que vous pouvez adopter consiste à lui demander, pour le même salaire, plus de responsabilités.

Cela semble paradoxal, mais :

- vous permet de tester son désir réel de vous embaucher ;
- vous donne une indication de son pouvoir et de son autonomie au sein de l'organisation ;
- permet de vous retrouver à un poste plus intéressant et mieux considéré par l'organisation et sa hiérarchie ;
- en cas de promotions ou d'ajustement de salaire, vous serez le premier auquel on pensera ;
- enfin, si vous envisagez de changer d'employeur, votre base de négociation est certainement plus confortable.

Demandez plus de responsabilités, si vous rencontrez trop de résistance sur le salaire et ce... pour le même salaire

Combinez variable et fixe pour être plus convaincant

Certains consultants proposent à leurs prospects deux formules de facturation :

- une facturation sur une base uniquement **variable**. Ils suggèrent que l'entreprise leur reverse un pourcentage de la contribution qui sera générée par leur intervention (par exemple, augmentation de gains ou diminution de coûts) ;
- une facturation sur une base **fixe**.

Dans la majorité des cas, des entreprises choisissent la deuxième formule : le fixe. Cela peut paraître étonnant, mais c'est la réalité. La raison principale qu'elles invoquent est d'éviter ainsi de mauvaises surprises ou des discussions interminables. La somme fixe peut être entrée sur un budget négocié une fois pour toutes.

Cependant, bien que connaissant à l'avance le choix de leurs clients, ces consultants continuent systématiquement d'appliquer cette proposition d'alternative de facturation. Ils le font car la formule variable/à l'intéressement crédibilise leur intervention (ils y croient tellement qu'ils sont prêts à prendre des risques).

Il en va de même pour votre négociation de salaire. Proposez pour votre propre rémunération les deux formules et voyez la réaction de votre interlocuteur à l'avance.

Combinez variable et fixe
pour être plus convaincant

Commencez plus bas, pour finir plus haut

Si le travail qu'une entreprise vous offre vous intéresse vraiment, évitez à tout prix de rompre les négociations pour une question de salaire, même si l'écart entre ce que l'on propose et ce que vous avez en tête est très important.

Si le salaire que vous espérez est, par exemple, de 100 et que celui de votre interlocuteur est de 60, utilisez la technique du tremplin. Elle est relativement simple à appliquer et se répand de plus en plus.

Dans un premier temps, négociez et jouez au « Yo-Yo » entre son « 60 » et votre « 100 ». Tentez de réduire l'écart.

Si rien ne bouge, envisagez alors la formule suivante en disant : *« Il me vient une idée. Comme je vous l'ai dit, ce poste m'intéresse beaucoup. Je vous propose la formule suivante : je démarre à 60 et, dans six mois, si vous êtes satisfait de mes services et que ce job me plaît, nous nous mettons d'accord sur un salaire de 100 avec effet rétroactif sur la période ou avec versement d'une prime. »*

Si vous arrivez à un accord, confirmez-le, bien sûr, par écrit. Pour cela, dites par exemple : *« Comment procède-t-on ? Souhaitez-vous que je vous le confirme par écrit ou souhaitez-vous inclure cette disposition dans le contrat de travail ? »*

Commencez plus bas,
pour finir plus haut

Décrochez de la courbe de salaire où l'on souhaite vous inscrire

Lors d'une négociation de salaire, votre interlocuteur peut utiliser ou se reporter à des courbes pour définir votre rémunération.

Ces courbes sont utiles pour les entreprises, car elles leur permettent :

- de budgéter plus facilement ;
- de réduire les inégalités ;
- de gagner du temps en évitant des discussions souvent longues et stériles.

Mais ces courbes ne font pas toujours votre affaire !

Si votre interlocuteur vous annonce que votre salaire se trouve sur la courbe XYZ à l'indice 123 et que vous trouvez cela insuffisant, vous disposez de quatre stratégies pour négocier :

- **stratégie 1 – Négociez pas à pas.** Il existe sur chacune des courbes une tolérance/flexibilité qui, selon les cas, varie de 10 à 25 %. Ainsi, lorsqu'un salaire vous est annoncé, discutez-le et obtenez 5, 10, 15, 20, 25 % de plus ;
- **stratégie 2 – Ne négociez pas le prix. Repartez à l'origine. Réaménagez et enrichissez votre distribution de fonction.** Supprimez certaines tâches secondaires et triviales et incluez des tâches à plus grande responsabilité. Ainsi, le nouveau poste que vous aurez défini vous placera sur une courbe située au-dessus de la première. Vous pourrez ainsi très facilement grimper de 10, 20, 30 ou 40 % ;
- **stratégie 3 – Négociez ce que vous pouvez sur la courbe en termes de salaire, puis ouvrez la discussion sur des avantages en nature.** Demandez avec beaucoup de naturel et d'aplomb : « *Qu'avez-vous prévu comme avantages en nature pour ce poste ?* » ;
- **stratégie 4 – Pour certains postes exceptionnels où l'entreprise a absolument besoin de vos compétences et talents, envisagez de négocier un contrat de sous-traitance/portage/outsourcing.** Pour cela, il vous faut trouver une société tierce qui vous embauche et facture votre prestation sous forme d'honoraires à votre employeur (dans le cadre d'un contrat de conseil de deux ans, par exemple).

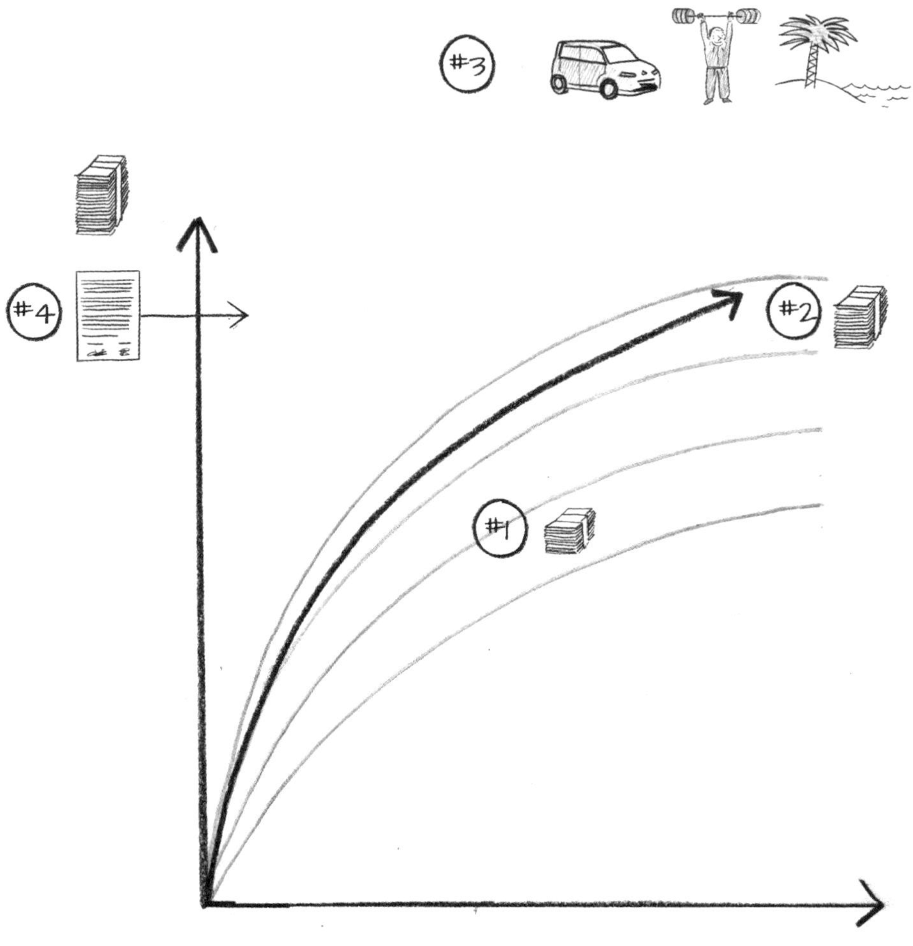

*Décrochez de la courbe de salaire
où l'on souhaite vous inscrire*

Préférez la fourchette large pour éviter de vous faire piéger en négociation de salaire

Parfois un recruteur se fait particulièrement insistant et vous pose à trois reprises la même question : *« Combien désirez-vous gagner ? »*

Après avoir tenté de ne pas répondre à cette question, vous vous sentez obligé de le faire à cette troisième tentative.

Si vous choisissez de parler, n'annoncez surtout pas un chiffre, mais une fourchette. Indiquez deux chiffres extrêmement éloignés l'un de l'autre, de façon que la fourchette de votre interlocuteur se trouve à l'intérieur de la vôtre. Dites par exemple : *« Je ne connais pas encore les responsabilités de ce poste et les possibilités de promotion. Néanmoins, la fourchette que je vise est extrêmement large et se situe entre XXX et YYY. Je serai en mesure de la resserrer lorsque je connaîtrai mieux le poste. »*

Le but d'annoncer une fourchette n'est pas de donner une information, mais de mettre de l'huile dans les rouages pour que la négociation ne grippe pas et se poursuive.

Après avoir étudié les différentes facettes du poste à pourvoir et valorisé vos réalisations passées, vous arriverez à la phase de négociation de salaire. Si votre interlocuteur vous propose alors un salaire correspondant au bas de la fourchette large que vous avez indiquée, dites-lui avec beaucoup de calme et d'assurance : *« Tout d'abord, je voudrais vous remercier pour votre proposition puisqu'il s'agit d'un poste qui correspond exactement à ce que je souhaite faire. Lorsque vous m'aviez demandé mes prétentions de salaire, je vous avais indiqué une fourchette, car je ne connaissais pas du tout les responsabilités du poste. Maintenant que vous me les avez indiquées, je peux resserrer ma fourchette et vous dire que le salaire que je vise se trouve entre XXX et YYY. »*

Préférez la fourchette large
pour éviter de vous faire piéger en négociation de salaire

Négociez des avantages en nature avec aisance et sans éprouver de gêne

Il existe quelques règles à respecter si vous souhaitez réussir à négocier assez facilement des avantages en nature :

• **règle 1 :** faites un inventaire complet de tous les avantages en nature qui sont envisageables et repérez sur cette liste ceux qui vous intéressent le plus ;

• **règle 2 :** renseignez-vous auprès de vos amis, collègues, camarades, confrères pour connaître les pratiques dans tel type de poste, d'entreprise ou de secteur. C'est un travail assez difficile à mener à bien – car beaucoup de choses sont occultées –, mais réalisable ;

• **règle 3 :** calculez l'incidence fiscale de chacun des avantages en nature pour mesurer leur vraie/véritable valeur ;

• **règle 4 :** choisissez de négocier avec votre interlocuteur des avantages en nature qui présentent trois caractéristiques :

- ils ne coûtent pas grand-chose à votre interlocuteur,
- ils représentent beaucoup pour vous (entre autres en valeur),
- ils ne créent pas de précédents. C'est-à-dire que si l'on vous les accorde, les autres employés de l'entreprise ne risquent pas de les demander/réclamer.

Négociez des avantages en nature avec aisance et sans éprouver de gêne

Négociez d'abord votre salaire, puis vos avantages en nature

Si vous souhaitez optimiser/maximiser votre rémunération, partez du principe qu'elle est composée de deux éléments :

- le salaire ;
- les avantages en nature.

Dans un premier temps, négociez votre salaire. Soyez ferme sur les prix et n'hésitez pas à vous battre pied à pied. N'oubliez pas que la négociation de salaire constitue parfois un test que vous fait passer votre recruteur. Si le poste à pourvoir requiert des compétences dans le domaine de la négociation, il est important de montrer que vous en avez pour défendre vos propres intérêts.

Dans un deuxième temps, même si le salaire que vous avez pu négocier vous satisfait pleinement, passez par la phase de négociation des avantages en nature. Ne demandez surtout pas : *« Avez-vous prévu des avantages en nature ? »* ou *« Offrez-vous des avantages en nature à vos employés ? »*. Partez de l'hypothèse qu'il y en a et demandez plutôt : *« Quels avantages en nature avez-vous prévus pour ce poste ? »* Restez calme. Ne parlez surtout pas et attendez que votre interlocuteur prenne la parole. S'il vous dit qu'il n'y en a pas, restez silencieux et prenez l'air surpris.

Les choses arrivent toujours pour ceux qui savent attendre… en restant silencieux.

Négociez d'abord votre salaire,
puis vos avantages en nature

Augmentez vos chances d'obtenir un bonus d'entrée en évitant de demander « Si », mais en demandant « Combien »

Si vous êtes un candidat dont une entreprise a particulièrement besoin (en raison de votre connaissance spécifique dans certains domaines, de votre carnet d'adresses ou de la maîtrise d'une technologie rare...), vous êtes en position de force pour négocier.

Cela peut se traduire matériellement par trois avantages :

- d'une part, vous pouvez obtenir un salaire et des **avantages en nature importants** ;
- d'autre part, si vous êtes en poste et si celui que l'on vous propose n'est pas extrêmement sûr et a l'aspect d'un strapontin, vous pouvez envisager de négocier un « **parachute doré** ». Il s'agit d'une somme que l'on vous versera (sous certaines conditions et selon des normes très précisément établies) si l'entreprise était amenée à se séparer de vous ;
- enfin, vous pouvez tenter d'obtenir une **prime à l'embauche** que les Américains appellent *sign-on bonus* et *join in fee*. Si vous terminez des études longues et qu'elles s'achèvent au mois de décembre, préférez le *sign-on bonus* qui vous est payé immédiatement et représente un avantage fiscal important puisque vous n'avez probablement pas gagné de salaire pendant votre année d'études. Dans les autres cas, optez pour le *join in fee*. Vous pouvez présenter votre demande en soulignant que vos études ont représenté un très grand sacrifice en termes financiers (pas de salaire pendant un, deux ou trois ans) et/ou que vous avez des dettes à rembourser.

Augmentez vos chances d'obtenir un bonus d'entrée en évitant de demander « Si », mais en demandant « Combien »

PRENEZ LA BONNE DÉCISION

Acceptez toute proposition où vos « talents passion » et vos « talents maîtrise » se recouvrent au moins à 60 %

L'un des dilemmes auxquels vous risquez d'avoir à faire face est une situation où :

- d'une part, une entreprise souhaite vous recruter pour les talents pour lesquels vous excellez ou possédez une très bonne maîtrise/expertise ; néanmoins, ce ne sont pas les talents que vous préférez utiliser ;
- d'autre part, vous souhaitez trouver un emploi dans lequel vous pouvez utiliser des talents qui vous plaisent énormément, mais pour lesquels vous n'avez pas nécessairement une très grande maîtrise/expertise.

La solution se trouve quelque part entre ces deux situations. Si l'on vous propose un emploi où le recouvrement entre ces deux types de talents est d'environ :

- **60 %,** acceptez la proposition qui vous est faite, après avoir négocié âprement. C'est le cas le plus fréquent ;
- **80 %,** acceptez la proposition qui vous est faite immédiatement. C'est un cas assez rare. Vous pouvez pleinement faire des concessions sur les conditions de travail et/ou le salaire ;
- **100 %,** acceptez de travailler… bénévolement (ou presque). La situation est très rare, mais elle n'est ni impossible ni inexistante. Bonne chance…

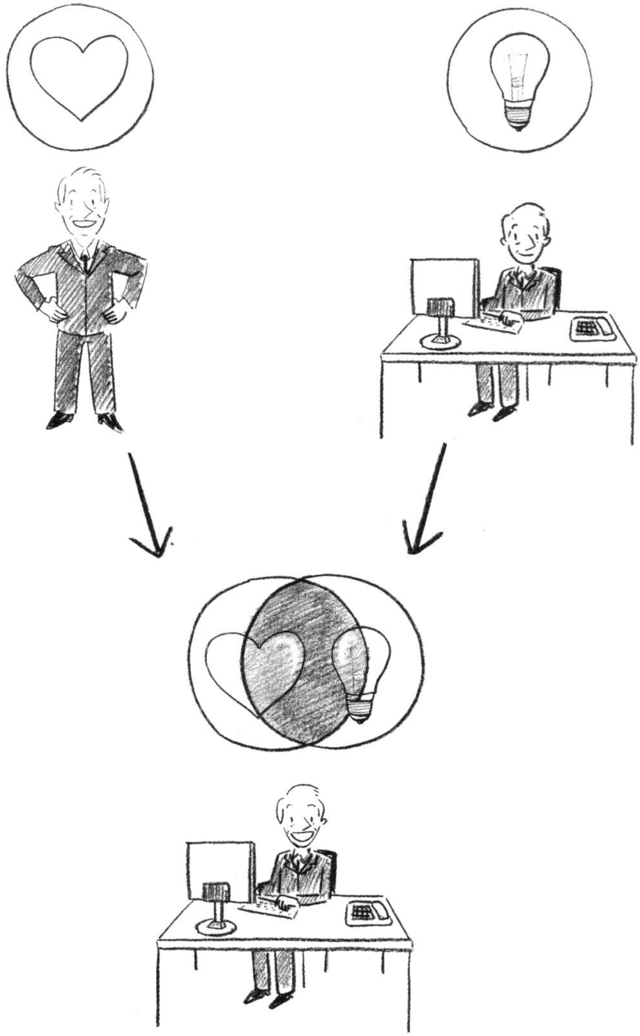

Acceptez toute proposition où vos « talents passion » et vos « talents maîtrise » se recouvrent au moins à 60 %

Décidez plus facilement en pensant au « pire qui puisse vous arriver »

Lorsque vous arrivez au terme de votre campagne, vous aurez, nous l'espérons, à choisir entre plusieurs propositions fermes d'embauche.

Il sera relativement facile de ramener votre choix final à une alternative : accepter un job A ou un job B. Au pire, si vous n'avez qu'une seule proposition, il vous faudra choisir entre accepter cette proposition ou la décliner et continuer votre recherche d'emploi.

Lorsque vous faites face à une alternative, il existe au moins trois formules pour vous décider :

- **formule 1 :** construisez un tableau sur un tableur. Entrez ensuite tous les critères utilisables pour faire votre choix. Notez-les de façon positive ou négative. Pondérez-les et calculez le résultat final. Cela ne vous permettra pas de choisir, mais vous aidera à identifier les facteurs-clés ;
- **formule 2 :** prenez une feuille de papier. Divisez-la en deux en traçant une ligne verticale en son milieu. Notez ensuite dans la partie gauche le pire qui puisse vous arriver si vous choisissez le job A et dans la partie droite le pire qui puisse vous arriver si vous choisissez le job B (trouvez au moins deux raisons pour chacune des deux options). La solution risque de vous sauter aux yeux ;
- **formule 3 :** prenez une pièce de monnaie. Appelez le job A « pile » et le job B « face ». Lancez la pièce en l'air. Alors qu'elle monte, écoutez votre voix intérieure vous dire : *« J'espère que la pièce va tomber sur… pile… ou sur… face. »* Vous avez la réponse. Interceptez la pièce et empêchez-la de tomber et ne la regardez surtout pas.

Décidez plus facilement en pensant au « pire qui puisse vous arriver »

Du même auteur

Disponible en version livre sur le site www.lexpress.fr/boutique et en version électronique sur le site *www.porot.com*

100 Conseils de pro pour réussir ses entretiens d'embauche, L'Express.

100 Conseils de pro pour sa lettre de motivation, L'Express.

101 Secrets pour mieux négocier son salaire… ou une augmentation, L'Express.

12 Règles d'or pour se mettre à son compte, L'Express.

250 Citations utiles pour préparer et réussir votre entretien d'embauche…, L'Express.

250 Erreurs à éviter en création d'entreprise, L'Express.

Comment trouver une situation CTS (25e édition), L'Expresss.

L'Entretien d'embauche en 202 questions, L'Express.

Docteur EMPLOI, L'Express.

Trouver et réussir son stage, L'Express.

Trouver un emploi après 50 ans, L'Express.

Votre lettre de motivation en 12 étapes simples, L'Express.

Aidez votre recruteur à vous embaucher… en temps de crise, L'Express.

Disponible en version livre sur le site www.amazon.fr et en version électronique sur le site *www.porot.com*

101 Préjugés contre les demandeurs d'emploi… et les façons de réagir, Éditions d'Organisation.

101 Questions pièges de l'entretien d'embauche… et les réponses pour décrocher le job, L'Express.

77 Conseils pour (re)trouver un emploi, Éditions d'Organisation.

Disponible en version livre et en version électronique sur le site *www.porot.com*

3 Premiers Mois dans votre nouvel emploi, Éditions d'Organisation.

Chasseurs de têtes : mode d'emploi, Éditions d'Organisation.

Formation : mode d'emploi, Éditions d'Organisation.

Outplacement : mode d'emploi, Éditions d'Organisation.

Savoir répondre aux objections en recherche d'emploi, Éditions d'Organisation.

Savoir vivre en affaires, Éditions d'Organisation.

Tout savoir sur votre future fonction, Éditions d'Organisation.

Un emploi au bout du fil, Éditions d'Organisation.

Visibilité : comment vous faire remarquer par un employeur, Éditions d'Organisation.

Votre entretien d'embauche : le réussir en 107 conseils, Éditions d'Organisation.

Disponible en version électronique sur le site *www.porot.com*

Candidature spontanée : mode d'emploi, Éditions d'Organisation.

Comment vous mettre à votre propre compte, Éditions d'Organisation.

La P.I.E. : Une méthode nouvelle de recherche d'emploi, Éditions d'Organisation.

Comment trouver une situation CTS (24e édition), L'Express.

Site www.porot.com

Le site www.porot.com est probablement le site internet le plus complet que vous pourrez trouver sur la gestion de carrière et la recherche d'emploi. Il existe en langues : française et anglaise.

Il comporte plus de 100 modules, tests, jeux, articles, conseils… 50 + feuilles de styles, matrices, modèles de Curriculum vitae… 70 + articles courts sur les difficultés les plus fréquentes que vous risquez de rencontrer et des propositions de solutions… 1 000 + exemples de réalisations professionnelles pour vous mettre en valeur…

Près de 60 % du site est accessible entièrement gratuitement.

EMPLOI
DANIEL POROT
COMMENT
TROUVER
UNE
SITUATION
...ET DÉCROCHER
LE JOB DE VOS RÊVES
MÉTHODE
DANIEL
POROT
✓ Découvrez les postes qui vous correspondent vraiment
✓ Valorisez vos réalisations passées
✓ Rédigez des lettres de motivation et CV convaincants
✓ Réussissez vos entretiens d'embauche
✓ Négociez votre salaire avec succès
2014/2015
180 000 EXEMPLAIRES
29e ÉDITION
SOLAR
ÉDITIONS

à 29 €

Directeur : Jean-Louis Hocq
Responsable d'édition : Benoît Bontout
Assistante d'édition : Chloé Herbin
Illustrations : Grégoire Pires
Mise en pages et couverture : Nord Compo
Fabrication : Emmanuelle Laine

ISBN : 978-2-263-06979-6
Code éditeur : S06979
Dépôt légal : juillet 2015
Imprimé en France par Sepec

Retrouvez-nous sur www.solar.fr

Solar | un département **place des éditeurs**

place des éditeurs

MIXTE
Papier issu de sources responsables
FSC® C121954
www.fsc.org